L'histoire de l'esclavage

Du même auteur

Nantes au temps de la traite des Noirs, Paris, Hachette, 2007

A Deus ex Machina Revisited. Colonial Trade and European Economic Development (1500-1940), Brill, 2006.

From Slave Trade to Empire. Europe and the Colonisation of Black Africa (1780s-1880s), Routledge, 2004.

Les Traites négrières. Essai d'histoire globale, Gallimard, 2004 (traduit en italien, prix du Sénat du livre d'histoire, prix de l'essai de l'Académie française, prix Chateaubriand 2005).

Saint-Simon (1760-1825). L'utopie ou la raison en actes, Payot, 2001.

Les Négoces maritimes français XVIIe-XXe siècle, Belin, 1997.

L'Argent de la traite. Milieu négrier, capitalisme et développement : un modèle. Aubier, 1996.

Olivier Pétré-Grenouilleau

L'histoire de l'esclavage

PLON
www.plon.fr

Raconté en famille

collection dirigée par Luc Ferry

Olivier Pétré-Grenouilleau est professeur à l'Institut d'études politiques de Paris (IEP, Sciences Po), ancien membre de l'Institut universitaire de France et membre de l'Academia Europaea.

ISBN : 978-2-259-20751-5

Sommaire

Introduction 11

CHAPITRE 1
Qu'est-ce que l'esclavage ? 13

Comment définir l'origine
et la nature de l'esclavage ? 17

Le cannibale et l'esclave 17
Un mot unique, de multiples sens 19
Des définitions parfois opposées 21

Pourquoi est-il si difficile de s'accorder
sur ce qu'est l'esclavage ? 25

Chez les autres, c'est toujours pire 25
Avec le temps... tout s'en va 27
L'esclave et le domestique 28
L'esclave et le prolétaire 31
Comment concilier notre condamnation
morale de l'esclavage avec l'effort pour
en faire une histoire sans préjugés ? 34

Comment les esclavagistes
voyaient-ils l'esclavage ? 35

Un phénomène « naturel » 35
Un rempart contre le désordre
et la ruine 37

Esclavage et racisme 41
Un mal nécessaire 43

Comment les esclaves considéraient-ils la situation qui leur était faite ? 44
Les silences de l'Histoire 44
Entre résistance et résignation 45

Qu'est-ce finalement qu'un esclave ? 47
L'esclave est un « étranger » 48
L'esclave est un individu « possédé » par son maître 52
L'esclave est un homme en sursis 54
L'esclave est un sujet « utile » à son maître 56

CHAPITRE 2
Naissance et évolution de l'esclavage 67

Pourquoi l'esclavage est-il apparu ? 71
L'histoire des fourmis amazones 71
La théorie évolutionniste 73
L'esclavage est la résultante de plusieurs facteurs 75

Comment l'esclavage s'est-il perpétué ? 80
L'esclavage renforce les élites, qui ont ensuite intérêt à le maintenir 80
Partout, des formes de régulation 81

L'esclavage antique était-il important ? ... 83
L'esclavage chez les peuples anciens 83
Esclavage et démocratie dans la Grèce des cités................................ 86
Esclavage et citoyenneté dans l'Empire romain.. 91

Y a-t-il eu déclin de l'esclavage à l'époque médiévale ? 94
La question de la « fin » de l'esclavage antique 94

Les visages de l'esclavage médiéval 96
De l'esclavage médiéval
à l'esclavage colonial 99

Quels étaient les grands systèmes
esclavagistes à l'époque moderne ? 101

L'Amérique coloniale 105
Le monde musulman 110
L'Afrique noire précoloniale 115

Quelles formes l'esclavage
revêt-il aujourd'hui ? 119

La Révolution et l'industrie
ont-elles ruiné l'esclavage ? 119
Toujours des millions d'« esclaves » 121
Retour au passé ou métamorphoses ? 122
Trois grands types d'esclavage
dans le monde d'aujourd'hui 124

CHAPITRE 3
Luttes et abolitions 135

Comment expliquer la « révolution »
abolitionniste ? 139

Il n'y a pas de « lois » en histoire 139
La morale ou l'économie ? Le juste
ou l'utile ? 141
Des éléments imbriqués 143

L'abolitionnisme : un tournant
dans l'histoire mondiale ? 146

Comment on voyait les choses auparavant ... 146
Ce qui change ensuite 148
Etait-il facile d'être abolitionniste ? 151

Ne dit-on pas parfois
que les abolitionnistes étaient hypocrites ? 152

Une attaque portée contre les Lumières 152
Un projet vraiment radical
mais une méthode réformiste 153
Pourquoi avoir choisi la voie réformiste ? ... 154

Peut-on relier abolitionnisme et démocratisation ? 158

Le rôle de l'opinion 158
Mobiliser les énergies, convaincre les Etats .. 159
L'abolitionnisme n'exista-t-il qu'en Occident ? 161

Les esclaves contribuèrent-ils à leur libération ? 162

Résistances passives et actives 162
Peu de grandes révoltes 163
Une réponse habile : le paternalisme des maîtres 164
L'affranchissement 165
Résistances et abolition 166

Le combat pour les droits de l'homme est-il redevable à l'abolitionnisme ? 168

Pourquoi l'abolitionnisme fut-il un combat à portée universelle ? 169
Trois grandes étapes 170

L'abolitionnisme a-t-il favorisé ou gêné la colonisation ? 171

Les abolitionnistes n'étaient pas forcément des anticolonialistes 171
L'idée de la « croisade » africaine 171
Distinguer « causes » et alibis 172
Les colonisateurs ont-ils vraiment lutté contre l'esclavage en Afrique ? 173

La lutte contre l'esclavage est-elle aujourd'hui achevée ? 174

L'esclavage existe toujours 174
Comment poursuivre la lutte 174

Lectures complémentaires 183

Introduction

L'esclavage est un sujet d'indignation, particulièrement poignant et choquant, un crime contre l'humanité. Qu'on ait pu si longtemps s'en accommoder a de quoi étonner. Mais les bons sentiments et les jugements moraux ne suffisent pas : si l'on veut combattre efficacement une pratique si massivement fréquente dans l'histoire du monde il faut s'efforcer de comprendre ce qui l'a favorisée, pourquoi elle s'est longtemps imposée, comment elle a pu être admise.

Or que sait-on aujourd'hui de l'esclavage ? A la fois beaucoup et très peu. Beaucoup car cette pratique a suscité de nombreux écrits. Très peu car il est difficile d'avoir les idées claires sur un phénomène dont les origines remonteraient au moins à trois mille ans avant notre ère, et qui se serait plus ou moins développé dans la plupart des sociétés humaines. Ne dit-on pas aussi qu'il existerait toujours, voire se développerait encore, quasiment sous nos yeux ?

A problème compliqué, questions simples. J'en aborderai trois au cours de ce petit livre. Qu'est-ce vraiment que l'esclavage ? Pourquoi est-il « apparu » et comment a-t-il évolué ?

Comment a-t-on finalement réussi à l'abolir partout, au moins officiellement, même s'il demeure encore trop souvent de manière clandestine ?

CHAPITRE 1

Qu'est-ce que l'esclavage ?

Les choses que nous tenons pour évidentes sont parfois les plus difficiles à définir. Certains comparent l'esclave au prolétaire : mais toute personne exploitée est-elle pour autant réduite à la condition d'un esclave ? Inversement, ceux qui croient pouvoir décrire ce qu'ils appellent des formes d'« esclavage doux » ne risquent-ils pas de confondre de vrais esclaves et de simples « domestiques » ? Les emplois imagés de l'idée d'esclavage contribuent à le rendre plus énigmatique encore : c'est ainsi que l'on peut être « esclave » de ses passions, des préjugés collectifs ou même de la mode !

A trop multiplier les sens d'un même mot on en oublie la signification profonde. Dans ce premier chapitre, nous confronterons donc les diverses interprétations du terme pour en dégager un concept clair. Nous essaierons de comprendre comment esclavagistes et esclaves voyaient les choses, chacun de leur côté. Au final, nous tenterons de cerner, le plus simplement possible, ce qui pourrait éventuellement rapprocher la situation de tous les esclaves, d'hier et d'aujourd'hui.

Comment définir l'origine et la nature de l'esclavage ?

Le cannibale et l'esclave

Tous les grands phénomènes de l'Histoire ont leurs mythes. On trouve encore dans certains ouvrages une histoire dont je ne connais personnellement pas l'origine. On y raconte qu'un jour des cannibales décidèrent de garder à leur service quelques prisonniers, au lieu de les dévorer. C'est ainsi que seraient apparus les premiers esclaves. Cette histoire est intéressante à plus d'un titre.

Le cannibalisme renvoie en effet à l'image de la barbarie, au monde d'avant l'humanité. Faire coïncider l'invention de l'esclavage avec les premiers signes de l'atténuation du cannibalisme, c'est donc l'inscrire aux origines mêmes des sociétés humaines. C'est accepter l'idée (ou vouloir faire croire) que l'esclavage est inévitablement lié à la vie en société, qu'il fut quasiment toujours et partout présent.

Considérer les premiers esclaves comme des hommes ayant ainsi pu préserver leur vie et éviter le plus atroce des sorts, c'est aussi, indirectement, faire de l'esclavage une sorte de

« progrès ». C'est ce que l'on pouvait lire dans le *Grand Dictionnaire Universel du XIXe siècle* (1866-1879) de Pierre Larousse, mais aussi, ô surprise (!), dans un ouvrage encore récemment réédité ou l'on indique que « maître et serviteur » se « rendaient mutuellement service »...

Ce mythe – car assurément cela en est un – n'est donc pas neutre. Et sa portée dépasse sans doute la seule histoire de l'esclavage. Etablir une correspondance entre l'esclavage et les débuts de la vie sociale (voire avec l'expulsion de l'homme hors du paradis terrestre et l'obligation qui lui fut alors faite de travailler pour survivre) peut effectivement relever de la métaphore. Celle-ci souligne le fait que l'individu aurait perdu sa liberté originelle en acceptant de s'associer à ses semblables. Dans cette histoire, la référence à l'esclavage a donc pu ne constituer qu'un exemple permettant de réfléchir à ce qu'est la vie sociale en général. Mais les mythes et les idées sont faciles à détourner. Et, de fait, l'histoire que l'on vient de rappeler a souvent été utilisée afin de légitimer l'esclavage.

Le présenter comme un phénomène aussi ancien et universel que l'humanité revient en effet à le considérer comme plus ou moins « naturel » et « traditionnel ». Or, dans le passé, la tradition avait souvent force de loi. Revêtir quelque chose des habits de la tradition revenait aussi à le qualifier de plus ou moins « doux », un peu comme les plus anciens massifs montagneux, qui, lentement érodés, se sont transformés, au bout de millions d'années, en des reliefs quasiment plats. N'a-t-on pas, aujourd'hui encore, tendance à idéaliser ce qui est perçu comme une tradition ?

Universel, naturel, traditionnel et progressiste : il n'est pas étonnant qu'une telle vision de l'esclavage ait été reprise par nombre d'esclavagistes afin de justifier un système injustifiable. Il n'est pas étonnant, non plus, que les abolitionnistes qui se sont battus afin de l'éradiquer aient, au contraire, présenté leur action sous le signe d'une marche progressive vers la civilisation, destinée à effacer une sorte de péché originel.

Voilà comment une petite histoire, apparemment anodine, comment quelques mots nous font entrer dans le vif du sujet. Comment ils nous incitent, justement, à faire attention aux mots.

Un mot unique, de multiples sens

Il y a quelques années paraissait un article dans un journal régional. Impayés depuis des lustres, des marins russes avaient fini par échouer avec leur navire dans un port français. Leur bâtiment y avait été bloqué. Totalement démunis, ils durent ainsi vivre pendant plusieurs mois grâce à des dons et à l'aide de bénévoles. Dans les gros titres de la presse, ces marins sont alors devenus les symboles de l'« esclavage moderne ». Toute personne démunie, ou bien exploitée, doit-elle pour autant être définie comme un esclave ? Rien n'est moins sûr.

Depuis l'aube de l'humanité, de multiples formes d'exploitation de l'homme ont été inventées. Pensons aux serfs du Moyen Age, aux « engagés » européens qui, au XVIIe siècle, pour le prix de la traversée de l'Atlantique, acceptaient d'être corvéables à merci au profit de colons américains, le tout pour une période de trois à sept ans au cours de laquelle nombre d'entre eux mouraient. Récemment, un historien a parlé pour eux d'« esclavage temporaire ». Mais n'y a-t-il pas une contradiction entre ces deux termes ? L'esclavage n'est-il pas conçu comme une dépendance durable et à vie ?

Que dire aussi des enfants du XIXe siècle durement exploités dans nos mines ? J'ai vu un jour, dans un texte extrait d'un manuel scolaire du primaire, qu'ils étaient présentés comme de véritables esclaves. N'oublions pas, également, la version morale de l'esclavage, celle de l'âme, lorsque l'on se dit « esclave » de ses passions. Version issue des stoïciens de l'Antiquité, et notamment du philosophe Sénèque.

Ces emplois divers du mot esclave (dont la présente liste n'est nullement exhaustive) nous rappellent que l'on mélange trop souvent les choses. Voilà pourquoi notre objectif, dans ce chapitre, consistera à essayer de définir ce qu'est véritablement l'esclavage.

Les textes établis par de grands organismes internationaux, comme l'Onu par exemple, ne nous éclairent pas forcément à ce sujet. Essentiels (car ils dénotent une volonté internationale de combattre le fléau que constitue l'esclavage), ces grands textes sont en effet généralement vagues.

Comme nombre de documents internationaux, ils résultent de compromis entre des perceptions différentes des choses et de rapports de forces entre les Etats. On peut aussi imaginer que le flou peut parfois servir à masquer la persistance de telle ou telle forme d'esclavage dans tel ou tel pays ou région. L'article 1er de la convention signée à Genève le 25 septembre 1926 est révélateur du caractère assez large des textes officiels. L'esclavage y est défini comme « *l'état ou condition* d'un individu sur lequel s'exercent les attributs du droit de propriété *ou certains d'entre eux* » (les italiques sont de nous).

De plus, ces définitions évoluent avec le temps, tendant à englober de plus en plus de choses, et à diluer ainsi l'esclavage dans d'autres phénomènes. Selon la « convention supplémentaire relative à l'abolition de l'esclavage… » adoptée à Genève le 7 septembre 1956, on range ainsi, parmi les « institutions et pratiques *analogues* à l'esclavage » : la servitude pour dette, le servage, le mariage forcé (moyennant une contrepartie versée aux parents, au tuteur ou à toute autre personne ou groupe de personnes), ainsi que le travail forcé d'une personne âgée de moins de dix-huit ans.

On ne peut évidemment que se réjouir de voir de plus en plus de choses contraires aux droits de l'homme être ainsi officiellement condamnées. Mais que peuvent nous apporter ces textes d'aujourd'hui pour comprendre et définir l'esclavage à d'autres époques, plus anciennes, où ces mêmes droits n'allaient pas de soi ? Bien peu de chose, en fait.

Des définitions parfois opposées

La tâche n'est donc pas aisée. Et certains chercheurs travaillant sur l'esclavage se refusent plus ou moins à le définir. Or comment réfléchir sur un sujet qui n'est pas préalablement défini, au moins grossièrement, dans ses principaux contours ? D'autres utilisent des critères variés, et souvent opposés.

Pour les uns, l'esclavage serait entièrement soluble dans l'économique et constituerait un « mode de production » spécifique. L'une des trois étapes dans l'histoire de l'exploitation de l'homme (après la disparition de la « communauté primitive » égalitaire et avant l'entrée dans la société communiste idéale) : l'esclavage, le féodalisme et le capitalisme. Emprunté à Karl Marx (1818-1883), ce schéma a été depuis largement assoupli par les historiens marxistes. Mais il existe toujours une école historique tendant à réduire l'esclavage à sa seule dimension économique.

Adam Smith (1723-1790), que l'on présente souvent comme le grand théoricien du libéralisme économique, s'est, de son côté, évertué à montrer que le travail de l'esclave ne pouvait être que moins rentable que celui d'un travailleur salarié libre, plus intéressé à son ouvrage et à sa productivité. Pour lui, l'esclavage ne pouvait donc pas s'expliquer uniquement (ni même principalement) par des arguments économiques. Pour en comprendre l'existence, il fallait renvoyer plutôt aux passions les plus extrêmes de l'homme et à sa volonté de domination.

Il est vrai que si l'on s'intéresse aux systèmes esclavagistes de l'Amérique coloniale de l'époque moderne (1492-1789), généralement présentés comme les plus représentatifs de l'exploitation capitaliste de l'esclave, on s'aperçoit que celui-ci n'était pourtant pas toujours aussi « productif » qu'on ne l'imagine. Un historien antillais, Frédéric Régent, nous rappelle ainsi que, sur les plantations de la Guadeloupe, de Guyane et de la Réunion, 40 à 48 % des esclaves étaient en fait des personnes « impropres au travail », enfants ou personnes âgées.

Aux définitions de l'esclavage fondées sur l'économique ou la volonté de pouvoir on pourrait ajouter celles tournées vers les aspects juridiques. Toute une tradition historique a ainsi beaucoup insisté, à propos de l'esclavage antique (notamment romain), sur le statut juridique de l'esclave. Mais qui nous dit que les textes de loi sont tous appliqués à la lettre, au quotidien, par les propriétaires d'esclaves ? Il n'est donc pas possible de connaître exactement la condition de ces derniers uniquement à partir du droit, même si l'esclavage dit « pénal » a existé, prenant même une importance réelle en Asie (notamment dans la Chine ancienne) et dans l'URSS d'avant 1953. D'autres lectures, plus éthiques, ont pu être faites par des théologiens et des moralistes. Elles nous permettent de comprendre comment leurs auteurs se représentaient l'esclavage, ce qui est évidemment intéressant. Mais, comme le droit, elles ne nous disent pas forcément ce qu'est concrètement un esclave.

Alors que faut-il faire ? Choisir l'une ou l'autre de ces approches toutes réductionnistes, ou bien essayer de les combiner ? Mais, dans ce cas, comment éviter d'arriver à une définition tellement générale qu'elle ne pourrait plus guère être appliquée aux formes concrètes de l'esclavage ? Il n'est pas aisé, on le voit, de trouver une solution satisfaisante à ce problème.

DÉBAT »

Goulag et esclavage pénal

Peut-on parler d'esclavage pénal ? Non, s'il s'agit d'une incarcération à la suite d'une infraction légalement sanctionnée, dans un pays démocratique, pour une durée précisée et généralement avec un retour prévu à la vie « civile ». Mais que dire du bagne, ce lieu de détention pour criminels, mais aussi pour galériens et esclaves, que l'on retrouve à l'époque moderne ? Un bagne que la France transforma en travaux forcés en 1810, mais qui, sous cette forme, persista en Guyane jusqu'en 1938. Il concerne un Etat alors démocratique et les « forçats » étaient légalement condamnés, même s'ils étaient de fait quasiment exclus de la communauté civique.

DÉBAT »

Le goulag (du russe *Glavnoe Upravlenie Lagerei* – soit « Direction générale des camps ») fut institué en 1923 pour les personnes capturées pendant la guerre civile russe (1918-1921). Il prit ensuite une ampleur considérable, servant à écarter tous les « ennemis » du régime, selon une définition extrêmement large, incluant ainsi les paysans riches ou *koulaks*. Les camps étaient implantés dans les régions les plus dures du pays. Les prisonniers (*zeks*) étaient utilisés à de grands travaux (canaux, mines, construction de chemins de fer, mais aussi l'université de Moscou). Il s'agissait souvent non seulement d'isoler mais aussi d'éliminer physiquement les opposants. Le taux de mortalité était en effet si élevé qu'il atteignait parfois 1 % *par jour*. Le goulag n'échappait pas à la logique des plans quinquennaux. Leurs objectifs devaient donc être réalisés. Et lorsque la main-d'œuvre y manquait, des instructions étaient données à la police secrète afin d'arrêter un nombre donné d'individus. Au total, près de 18 millions de personnes auraient ainsi été déportées, entre 1929 et 1953 (l'année de la mort de Staline).

Des spécialistes n'hésitent pas à parler d'un véritable esclavage. Totalement exclus de la société, et à vie, déshumanisés à volonté, les *zeks* étaient en effet devenus de simples instruments. On pourrait rétorquer que cet esclavage n'était pas héréditaire, et qu'il n'impliquait pas l'idée d'une propriété. Mais le *zek* n'appartenait-il pas, de fait, à l'Etat totalitaire qui l'avait transformé en un étranger absolu, en quelqu'un qui ne se possédait plus lui-même ?

Pourquoi est-il si difficile de s'accorder sur ce qu'est l'esclavage ?

Nombre d'habitudes conduisent à orienter notre pensée, à notre insu. Elles nous poussent à décrire ou à définir tel ou tel système esclavagiste du passé, non pas en fonction de ce qu'il fut réellement, mais à partir d'images fondées sur nos propres représentations. Un peu comme dans un jeu de miroirs, évidemment déformants. J'en donnerai ici quelques exemples.

Chez les autres, c'est toujours pire

Le premier consiste à présenter l'esclavage chez les autres comme ayant toujours été plus grave et déplorable que chez soi. Auteur, en 1933, d'un livre important sur l'esclavage au Brésil portugais à l'époque moderne (1492-1789), Gilberto Freyre pouvait ainsi écrire : la politique portugaise fut « bien différente de celle d'extermination ou de ségrégation que les Espagnols explorateurs des mines pratiquèrent si longtemps au Mexique et au Pérou, et que les Anglais pratiquèrent, toujours et sans frein, en Amérique du Nord ». On ne sera pas surpris de savoir que, de leur côté, les colons anglais se présentaient comme de meilleurs « maîtres » que les colons espagnols, et que les Français faisaient de même par rapport à leurs autres concurrents aux Amériques.

Chacun, au sein d'un système esclavagiste donné (correspondant à une époque ou à une aire géographique), a été tenté de faire ainsi. Il suffisait de monter en épingle un caractère censé représenter telle ou telle nation et d'en faire l'élément unique déterminant tout le reste, bref, en l'essentialisant. C'est ainsi que dans le dictionnaire Littré (1863-1872), on pouvait lire ce passage, apparemment tiré de l'*Histoire philosophique* (1770) de l'abbé Raynal (1713-1796) : « Chaque nation européenne a une manière de traiter ses esclaves qui lui est propre : l'Espagnol en fait les compagnons de son indolence ; le Portugais, les instruments de ses débauches ; le Hollandais, les victimes de son avarice. »

Le même scénario a aussi été répété, non plus à l'intérieur d'un même système, mais entre systèmes esclavagistes différents. Le procédé était identique. On isolait un élément que l'on imaginait renvoyer spécifiquement à une société, un peuple ou une « civilisation », et on en affublait l'ensemble d'un système esclavagiste, depuis ses origines jusqu'à son terme. Les Européens étant censés avoir « inventé » le capitalisme, le système esclavagiste qu'ils ont implanté aux Amériques a ainsi parfois été considéré comme uniquement déterminé par des raisons économiques. Par contraste, on a isolé dans l'Afrique précoloniale tout ce qui valorisait et encadrait les liens de parenté, faisant parfois de l'esclavage dans ce continent une pure affaire familiale.

En direction du monde musulman, on a oscillé entre deux images. La première est celle d'un univers peuplé d'eunuques et de concubines, et donc d'un esclavage surtout sexuel, lequel est souvent perçu comme plus « doux » que les autres (les féministes et les humanistes apprécieront !). Sans doute parce que nous avons généralement tendance à penser que le « véritable » esclavage ne peut être lié qu'à une « production ». Et si l'esclave ne semble pas être « productif », alors on le classe plutôt parmi les serviteurs ou les « domestiques ». Simple, non ? Un peu trop sans doute. Nous y reviendrons.

La deuxième image occidentale relative à l'esclavage en terre d'islam est complètement opposée à la première. C'est celle d'un monde « féroce » et « odieux », comme l'expliquait en 1888 le cardinal Lavigerie, bras droit du pape Léon XIII et instigateur de la « croisade noire » destinée à faire disparaître de l'Afrique le fléau de l'esclavage alors présenté comme essentiellement l'œuvre des « mahométans ». Ainsi que l'on pouvait également le voir dans les récits des explorateurs européens de l'Afrique orientale, riches en scènes d'atrocités.

Avec le temps... tout s'en va

Il existe une autre habitude qui peut conduire à brouiller le regard. Celle consistant à décrire un phénomène ancien, non pas en fonction de ce qu'il fut, mais à partir de ce à quoi il est censé avoir abouti. On la retrouve dans le livre de Gilberto Freyre paru en 1933. L'esclavage au Brésil y est décrit par lui comme une expérience particulièrement atroce. Mais l'auteur ajoute que, sur la durée, elle aurait permis à des populations fort différentes de se mélanger. Européens, Amérindiens et Africains auraient ainsi donné naissance à un Brésil multiculturel, uni et parfaitement équilibré. La société brésilienne, écrivait Freyre, est, « de toutes celles de l'Amérique, celle qui s'est constituée le plus harmonieusement quant aux relations entre les races ».

L'idée d'un creuset (d'un *melting pot*) n'est peut-être pas fausse. Mais on ne peut pas en déduire que ce mélange serait synonyme d'harmonie. On sait en effet aujourd'hui que, sous des formes plus ou moins masquées, ségrégation et racisme existent toujours au Brésil, comme en d'autres parties de l'Amérique et du monde. Et l'on ne peut pas écrire l'histoire passée de l'esclavage au Brésil à partir de l'*image* de la société à laquelle il est censé avoir donné naissance un siècle ou deux après !

Une autre dérive du même genre consiste à considérer que tel ou tel esclavage, parce qu'il aurait donné lieu à plus d'affranchissements que tel autre (ce qui n'est d'ailleurs guère possible à vérifier), a pu constituer « une forme d'intégration » à la société (*sic* !). Cela revient de nouveau à décrire le passé à partir d'une de ses (toujours multiples) conséquences possibles. C'est aussi oublier bien vite que les affranchissements n'ont jamais été massifs. De plus, que des esclaves soient devenus libres et que leurs enfants ou petits-enfants aient pu s'intégrer à la société des hommes libres n'a rien changé au sort de ceux qui sont demeurés esclaves. L'« intégration », souvent partielle et sous conditions, n'a jamais été permise qu'à quelques-uns. Présenter l'esclavage comme un processus d'intégration est donc absurde. C'est aussi dangereux, car cela peut être un moyen de le légitimer.

L'esclave et le domestique

Troisième miroir déformant : la confusion entre le statut de l'esclave et celui du domestique (de la personne venant faire le ménage à la maison ou bien du cuisinier). On parle en effet parfois d'esclavage « domestique », sous-entendant qu'il s'agit soit d'un esclavage interne à une société donnée, soit que l'esclave vit et travaille dans la « maison » de son maître, un peu comme une bonne parisienne du début du XXe siècle. On oppose ainsi l'esclavage « domestique » à l'esclavage dans lequel l'homme n'est qu'une « marchandise ».

L'esclave « domestique » est défini comme un proche (un membre de la même société ou une personne vivant dans la maison de son maître). Il ne semble pas créer de richesses particulières (pas plus que dans le cas, évoqué plus haut, de l'esclavage sexuel), et n'est donc généralement pas considéré comme étant « productif ». De ces deux caractères (un proche, non productif) on en déduit souvent que l'esclave « domestique » est forcément et automatiquement toujours bien traité. Tellement bien qu'il devient, dans certains textes, une sorte de fils ou de fille de la maison. Parfois, des auteurs en arrivent à dire qu'il ne s'agit plus d'esclavage mais d'une simple forme de dépendance. Et encore...

Tout cela est fondé sur une série de malentendus. En effet, comme on le verra, fût-il originellement membre de la même société que son maître, l'esclave est toujours un « étranger ». En outre, par « maison », il faut entendre le cadre – familial – de l'exploitation, et non le strict foyer familial. C'est sur le terme *oïkos*, relatif à la « maison » des Grecs anciens, que l'on a formé ensuite le mot « économie ». Dans l'Antiquité, la *familia* correspondait aussi à l'ensemble des biens et des réseaux de dépendance d'un puissant romain, et non pas à la réunion des parents et de leurs enfants.

En conséquence, l'esclave « domestique » n'est pas forcément un parent. Plusieurs grands spécialistes de l'esclavage, comme l'anthropologue Claude Meillassoux et le sociologue Alain Testart, ont d'ailleurs indiqué que l'esclave (domestique ou non) est au contraire le non-parent par excellence, et que c'est pour cela qu'il peut être exploité. Il faut en effet (à la suite du sociologue Pierre Bourdieu et de beaucoup d'autres auteurs) distinguer les parentés réelles ou pratiques, et les parentés théoriques, lesquelles servent à donner l'illusion de la proximité afin de mieux masquer les vrais rapports de domination.

C'est ce que faisaient nombre de « maîtres », dans l'Amérique coloniale de l'époque moderne et ailleurs. Lorsqu'ils veillaient à ce que leurs esclaves puissent se marier officiellement, ils essayaient de se poser en « pères » théoriques. Faire de l'esclavage « domestique » un esclavage forcément « doux », c'est confondre la réalité de l'exploitation inhérente à l'esclavage avec les alibis et les masques qu'utilisaient les esclavagistes.

Considérer l'esclave « domestique » comme non « productif » est tout aussi critiquable. Car cela conduit à oublier nombre de choses essentielles. La première est que la frontière entre le travail « domestique » et le travail agricole, pour ne prendre qu'un exemple, n'a pas toujours été nette et infranchissable. Dans le Vieux Sud des Etats-Unis d'avant la guerre de Sécession, dans les petites et moyennes plantations, de loin alors les plus nombreuses, les « employés de maison », femmes y compris, étaient aussi mobilisés pour la récolte.

D'un autre côté, on peut très bien produire certains biens à la « maison » : des vêtements, de la nourriture, des produits laitiers, etc. Enfin, il faut prendre en compte la diversité des « capitaux » au sens où l'entendent les sociologues, c'est-à-dire des avantages ou atouts pouvant être accumulés, échangés, transformés. Penser qu'un esclave « domestique » n'est pas « productif » parce qu'il n'est pas à l'origine d'espèces sonnantes et trébuchantes ou de biens pouvant être tout de suite convertis en argent est ainsi plus que réductionniste.

L'esclave représente en effet une valeur en tant que telle. Il peut aussi être possédé à titre de marqueur de richesse et de pouvoir (de signe extérieur de richesse et d'importance dirions-nous aujourd'hui). Il fournit également nombre de « services » (nierait-on à l'heure actuelle leur réalité alors que le secteur tertiaire – des services justement – est le plus important et le plus dynamique de nos économies ?) et remplir ainsi un rôle très important pour celui qu'il sert. L'esclave auquel on n'assigne aucun travail laborieux étant sans doute le plus susceptible de jouer ce rôle symbolique. L'esclave est ainsi toujours « utile », en ce sens qu'il représente et génère un « capital », que celui-ci soit économique ou non. Ce qui change c'est seulement le type d'intérêt ou d'avantage recherché par tel ou tel « maître », selon le lieu, le temps ou la société.

L'esclave « domestique » est donc tout aussi « exploité » qu'un autre. Il peut parfois profiter d'avantages particuliers liés à la proximité avec ceux qui l'emploient – le cuisinier, par exemple, peut se nourrir mieux qu'un autre. Mais, plus proche, il peut aussi être plus rapidement et directement rossé par un « maître » irascible. Rappelons-nous, après tout, le sort de nombre de bonnes, domestiques *salariées* de la Belle Epoque qui devaient subir les assauts sexuels du maître de maison ou de son fils, et étaient renvoyées lorsqu'elles « tombaient » enceintes. Que dire aussi de ces « serviteurs » d'avant la Révolution parfois roués de coups, voire tués accidentellement. Vivre dans la « maison » de son maître, que l'on soit esclave ou non, ne conduit pas forcément et automatiquement à une vie meilleure.

L'esclave et le prolétaire

Confondant exploitation ou mauvaises conditions de vie et esclavage, certains auteurs n'ont pas hésité à considérer les prolétaires des débuts de l'industrialisation comme des sortes d'esclaves.

Il est vrai que, si l'on compare la durée moyenne quotidienne de travail d'un esclave du

Vieux Sud au milieu du XIXe siècle à celle d'un prolétaire anglais de la même époque, comme l'a fait Robert W. Fogel, prix Nobel d'économie, on s'aperçoit que le second travaille plus que le premier. Vers 1840, parlant des ouvriers les moins qualifiés de Nantes, le docteur Ange Guépin disait que « vivre pour eux c'est ne pas mourir ». La plupart, d'ailleurs, mouraient assez jeunes, étaient décimés par des maladies, en partie professionnelles, et par les épidémies frappant d'abord les plus faibles. L'alcoolisme, la prostitution constituaient d'autres fléaux auxquels certains prolétaires succombaient. Ils étaient souvent physiquement différents des « bourgeois » : plus petits, le teint blafard.

Aussi nombre de défenseurs du prolétariat ont-ils insisté sur la comparaison avec l'esclave, afin de mieux se faire entendre. Rosa Luxemburg et les leaders du mouvement révolutionnaire berlinois de 1918-1919 n'ont-ils pas qualifié leur mouvement de « spartakiste » (nom également alors donné au Parti communiste allemand), par allusion à la révolte du célèbre gladiateur romain Spartacus ?

Dans le même ordre d'idées, Félicité de Lamennais, célèbre représentant du catholicisme social, écrivait en 1839 :

> « Qu'était l'esclave à l'égard du maître ? Un instrument de travail [...]. Qu'est aujourd'hui le prolétaire à l'égard du capitaliste ? Un instrument de travail. Affranchi par le droit actuel, légalement libre de sa personne, il n'est point, il est vrai, la propriété vendable, achetable, de celui qui l'emploie. Mais cette liberté n'est que fictive. Le corps n'est point esclave, mais la volonté l'est. Dira-t-on que ce soit une véritable volonté que celle qui n'a le choix qu'entre une mort affreuse, inévitable,

et l'acceptation d'une loi imposée ? Les chaînes et les verges de l'esclave moderne, c'est la faim » (*De l'esclavage moderne*).

La comparaison entre l'esclave et le prolétaire fut aussi utilisée par des défenseurs du système esclavagiste. Désireux de montrer que l'esclave des Amériques était bien traité, ils ont en effet insisté, au XIXe siècle, sur le fait que nombre d'entre eux auraient mieux vécu que des paysans ou des ouvriers d'Europe, car ils auraient été mieux nourris et mieux vêtus. En rappelant que nombre de prolétaires européens vivaient mal, les esclavagistes voulaient justifier l'esclavage. C'est pour répondre à ce type de discours que l'abolitionniste français Agénor de Gasparin, s'exprimant devant la Chambre des députés, s'exclama, avec raison :

> « On me fait l'honneur de m'interrompre pour me dire : *Plus heureux ! Les esclaves ont la nourriture, l'hôpital, les soins empressés ; les châtiments diminuent de rigueur chaque jour*. Eh bien, voilà une assertion contre laquelle il importe de protester toujours avec énergie, parce que la conscience humaine proteste elle-même ! J'attends le jour où l'on verra l'un de ces ouvriers libres solliciter la condition des esclaves. Un ouvrier libre sent très bien toute la différence qu'il y a entre son malheur à lui et le bonheur de l'esclave ! Il sent cela. L'ouvrier libre [...] n'est pas un esclave, et tout est dans ce mot » (discours paru dans *Le Moniteur universel* du 31 mai 1845).

Si l'esclave était seulement l'exploité, cela voudrait dire qu'un employé victime des délocalisations serait un esclave. Ce qui n'est évidemment pas le cas. Pas plus que ne l'était un ouvrier des débuts de l'ère industrielle, ou d'une autre époque.

Comment concilier notre condamnation morale de l'esclavage avec l'effort pour en faire une histoire sans préjugés ?

Nous venons de passer en revue plusieurs « miroirs déformants » : considérer que c'est toujours pis chez les autres ; décrire un type d'esclavage passé par rapport à la société censée en avoir été issue, parfois plusieurs siècles après ; confondre l'esclave, le domestique et l'ouvrier. Cela nous a permis de voir que, chaque fois, les images peuvent facilement être inversées et reprises par les uns ou les autres. Parfois, elles ont été utilisées par des esclavagistes pour défendre leur système. Car tous ces miroirs déformants conduisent, par le biais d'une sorte de « comparatisme », à une hiérarchisation des esclavages les uns par rapport aux autres. Au final, on arrive ainsi à des esclavages décrits comme plus ou moins « doux » que les autres.

Le problème, avec cette façon de faire, c'est que l'on oublie qu'il y a toujours eu une grande diversité de situations à l'intérieur d'un même système esclavagiste. Il n'y a jamais eu un système ou tous les esclaves étaient uniquement des artisans, uniquement des travailleurs agricoles, uniquement des domestiques, ou bien uniquement des eunuques. De plus, les conditions de vie des esclaves étaient souvent très différentes au sein d'une même exploitation.

Plus grave, le comparatisme qui hiérarchise peut conduire, volontairement ou non, à légitimer les formes d'esclavages considérées comme ayant été plus « douces » que les autres. Or, toute forme d'esclavage, quelle qu'elle soit, constitue une atteinte intolérable aux droits les plus élémentaires de tout homme. En ce sens, il ne saurait être question d'esclavage « doux ». Sinon, cela voudrait dire que l'on peut se satisfaire de définitions à géométrie variable des droits de l'homme.

Faut-il en conclure qu'il vaut mieux éviter de comparer les choses ? Non, pas du tout. Comparer est en effet l'une des tâches principales de l'historien. Mais il faut essayer de comparer sans hiérarchiser ni « essentialiser ». Sans verser dans un calcul sordide des « avantages » et des inconvénients de chaque situation. Bref, se garder de tomber dans le « comparatisme relativiste » qui en viendrait à s'accommoder d'un esclavage dit « doux », où la privation définitive de la liberté serait « compensée » par un minimum de bien-être. Car l'esclavage, quelle que soit sa forme, est toujours moralement injustifiable.

Comment les esclavagistes voyaient-ils l'esclavage ?

Et les esclavagistes ? Peut-on arriver à définir l'esclavage en étudiant ce qu'ils disaient et pensaient ? Personnellement, j'en doute. Mais l'on peut ainsi voir comment ils essayaient de justifier l'injustifiable et de trouver des alibis.

Un phénomène « naturel »

L'un d'entre eux consistait à percevoir dans l'esclavage un phénomène « naturel » : naturel car dans l'ordre des choses, ou bien naturel car renvoyant au projet divin si l'on pense que le monde a été créé par Dieu.

La « preuve » que l'esclavage est bien « naturel » (dans le premier sens du terme), disaient des esclavagistes, c'est que l'esclavage aurait été présent dans toutes les sociétés humaines, depuis les origines et sous toutes les latitudes. Ce qui n'est pas vrai. Notamment parce que les sociétés de chasseurs et de cueilleurs semblent ne pas avoir connu l'esclavage. On sait aussi que, parmi les « Peuples Premiers » d'Océanie et du Pacifique, les Aborigènes d'Australie ne connaissaient pas l'esclavage (ni d'ailleurs la domestication animale). L'esclavage semble avoir été également absent en Nouvelle-Guinée (mais pas chez les Maoris de Nouvelle-Zélande) et dans toute la Mélanésie – à l'exception de trois sociétés. Dans le reste de la région, comme dans l'extrémité orientale de la Nouvelle-Guinée, il est bien attesté, mais comme le fait d'influences extérieures et ultérieures, indonésiennes et musulmanes. On notera enfin que, parmi les sociétés dites « sans Etat », l'Est africain (Kenya d'aujourd'hui) et la Californie ancienne n'ont pas connu l'esclavage.

Ces faits (que l'on ne connaissait d'ailleurs pas forcément dans le passé) n'ont cependant jamais empêché de présenter l'esclavage comme une « tradition » ou une « coutume », ce qui revenait à le légitimer d'emblée, si l'on associe l'idée de coutume à celle d'ancienneté et de sagesse, voire de « civilisation » – pensons aux Grecs (les « inventeurs » de la démocratie) ou bien aux Romains.

Un exemple – parmi beaucoup d'autres – de cette attitude nous est fourni par la réponse faite par Moulay Abd ar-Rahman, sultan du Maroc (1822-1859), à la demande formulée par le consul français d'enquêter sur le commerce des esclaves dans le pays :

> « Sachez donc que le commerce des esclaves est un sujet sur lequel toutes les sectes et toutes les nations sont d'accord depuis l'époque des fils d'Adam, que la paix de Dieu soit avec lui, jusqu'à aujourd'hui, et que nous ne connaissons aucune secte dont les lois l'interdisent, et nul n'a à poser ce genre de question,

car la chose est manifeste à tous les niveaux et ne réclame pas plus de démonstration que la lumière du jour ; mais s'il y a eu un événement particulier, veuillez nous en informer expressément, afin que la réponse à notre question soit pertinente » (4 février 1842).

De leur côté, les textes sacrés étant souvent ambigus, les esclavagistes pouvaient y puiser d'autres « preuves », relatives au second sens de « naturel ». Prenons la Bible, par exemple. On s'aperçoit que, dans l'Ancien Testament, l'esclavage est fortement présent, et qu'il est courant chez les Hébreux, le peuple « élu » de Dieu. Sa présence se fait moins insistante dans le Nouveau Testament où l'on met l'accent sur l'amour unissant la divinité à tous les hommes. Choisissant les textes au mieux de leurs intérêts du moment, et parfois n'hésitant pas à les tronquer (comme on le verra plus loin avec l'histoire de la fameuse « malédiction de Cham »), les esclavagistes se sont ainsi souvent appuyés sur l'Ancien Testament. Plus tard, au contraire, les abolitionnistes se fondèrent surtout sur le Nouveau Testament.

Un rempart contre le désordre et la ruine

Un second argument – considérer l'esclavage comme un rempart contre le désordre et la ruine – est en partie lié au premier. La plupart des défenseurs de l'esclavage ont en effet tenté de le légitimer en disant que les hommes sur lesquels il retombait étaient « naturellement » inférieurs à leurs « maîtres ». De ce point de vue, l'esclavage devait permettre de respecter les hiérarchies « naturelles ». Certains ajoutaient même qu'au contact du « maître », et du fait de la discipline imposée, l'esclave pouvait espérer lutter contre ses propres désordres et se « civiliser ».

Cette thèse de l'esclavage de « nature » apparaît dans le livre *La Politique* du philosophe grec Aristote (384-322 av. J.-C.). Elle s'insère dans une pensée de l'« harmonie du monde », conçue comme un système hiérarchisé où chaque être a sa place et où chacune des parties est censée participer ainsi à l'équilibre d'ensemble. Dans ce cadre, toute tentative d'un individu pour sortir du rôle qui lui a été assigné est perçue comme devant le mener au désastre, et comme une menace de chaos pour la société.

TEXTE »

L'esclavage « naturel » chez Aristote

Dans *La Politique*, le philosophe grec Aristote (384-322 av. J.-C.) se demande si l'esclavage est ou non contre nature.

« ... une famille[1] achevée se compose d'esclaves et de gens libres [...], la propriété est une partie de la famille, et [...] l'art de l'acquérir est une partie de l'administration familiale [... De] même que les activités techniques spécialisées doivent nécessairement recourir à des instruments appropriés si l'on veut que l'œuvre soit menée à bonne fin, de même en est-il aussi [de] l'administration

1. Par famille, l'auteur entend ici l'unité de vie familiale, avec ses membres et tout ce qui est nécessaire à son entretien, dont les esclaves, « instruments animés ». Il ne s'agit évidemment pas de la famille actuelle composée des parents et de leurs enfants.

TEXTE »

familiale [... Les] instruments sont soit inanimés, soit animés, par exemple [...] le gouvernail est inanimé, alors que le timonier est animé [...] l'esclave est un bien acquis animé [...].
« Si donc il était possible à chaque instrument parce qu'il en aurait reçu l'ordre ou par pressentiment de mener à bien son œuvre propre, comme on le dit des statues de Dédale [...] qui, selon le poète, entraient d'elles-mêmes dans l'assemblée des dieux, si, de même, les navettes tissaient d'elles-mêmes [...] alors les ingénieurs n'auraient pas besoin d'exécutants ni les maîtres d'esclaves [...].
« A la suite il faut examiner : s'il existe ou non quelqu'un qui soit ainsi par nature, s'il est meilleur et juste pour quelqu'un d'être esclave, ou si cela ne l'est pas, tout esclavage étant contre nature. Or le problème n'est pas difficile [...]. Et c'est dès leur naissance qu'une distinction a été opérée chez certains, les uns devant être commandés, les autres commander. Et [...] toujours le commandement est meilleur quand il commande à de meilleurs, à un homme, par exemple, qu'à une bête [...]. On retrouve cela chez les êtres animés en vertu de la nature entière. »

On trouve un lointain écho de cette manière de voir les choses dans les conceptions de nombre de planteurs américains de l'époque moderne ainsi que dans les Mémoires (parus en 1888) d'une princesse arabe de Zanzibar, Emily Ruete. Dans un chapitre consacré à l'esclavage, elle indique en effet que ce sont « les inégalités de nature » qui « différencient les responsabilités », avant de parler de « l'inintelligente race nègre », et des esclaves des plantations de son père qui ne travailleraient que s'ils étaient battus :

> « Le nègre aime ses aises par-dessus tout, et ne travaille que lorsqu'il y est absolument forcé, et encore ne s'y soumet-il que sous le plus sévère contrôle [...]. L'emprisonnement n'est pas un châtiment qui les effraie, au contraire ; un nègre se trouvera très heureux de passer quelques jours en prison, à l'abri de la chaleur et dispensé de tout travail [... il] prendra des forces nouvelles pour continuer le cours de ses forfaits une fois rendu à la liberté [...]. Dans de pareilles conditions, il n'y a malheureusement qu'un seul moyen efficace, ce sont les corrections corporelles. »

Selon les esclavagistes, l'esclavage n'est pas seulement un rempart contre les désordres individuels, il permet aussi à une société d'atteindre et de conserver un « juste » équilibre. C'est pourquoi, disent-ils, le « droit des gens » (c'est-à-dire le droit établi par les hommes vivant en société, à la différence du droit naturel ou du droit divin) reconnaît quasiment partout l'esclavage.

Cet argument a été utilisé avec force lorsque les esclavagistes se sont sentis menacés par les critiques des abolitionnistes, ainsi que par les progrès du monde « moderne » et industriel. Ils ont idéalisé leur système. Les planteurs du Vieux Sud n'ont alors pas hésité à présenter leur société esclavagiste « patriarcale » comme le seul rempart contre la déshumanisation rampante du monde moderne. Idée que l'on retrouve dans le livre de Gilberto Freyre (1933) qui n'était pourtant pas un esclavagiste :

« Le patriarcalisme, qui avait protégé les esclaves, [...] les avait alimentés assez largement, [...] les avait secourus dans leur vieillesse, ou dans leurs maladies, [...] avait aidé leurs fils à s'élever dans la société, disparaissait. L'esclave a été remplacé par le paria de l'usine, [...] le seigneur du moulin par l'usurier ou par le capitaliste absent. »

Esclavage et racisme

Considérer que certains hommes sont ainsi « naturellement » inférieurs aux autres revient à adopter une attitude que l'on peut qualifier de raciste. Car on passe facilement de l'affirmation d'une « infériorité naturelle » de certains hommes à un prétendu « droit » de les maintenir dans une position sociale dominée (oubliant ainsi que, évidemment, ce n'est pas la « nature » qui dit le droit). Esclavage et racisme apparaissent ainsi assez intimement liés. Même si l'on doit, à la suite de nombreux spécialistes, distinguer deux types de racisme, qui peuvent d'ailleurs se combiner.

Le premier associe l'idée d'infériorité « naturelle » à des attributs physiques, comme la couleur. Il a surtout touché les populations d'Afrique noire. Comme l'a depuis longtemps indiqué Eric Williams, qui fut l'une des figures intellectuelles du mouvement tiers-mondiste, ce racisme s'est développé surtout à partir du moment où est apparu le commerce des esclaves noirs sur une grande échelle, tant en direction de l'Afrique du Nord et du Moyen-Orient que des îles de l'Atlantique, de l'océan Indien et des Amériques. Il est donc l'une des conséquences, sans doute les plus graves et les plus durables, de ce que l'on appelle la traite des Noirs.

Car aux Amériques l'esclavage s'est fondé sur la couleur, en ce sens que, peu à peu, n'y sont pratiquement demeurés esclaves que des Africains noirs.

Dans beaucoup d'autres systèmes esclavagistes les esclaves provenaient de régions fort diverses, et n'étaient donc pas forcément de la même couleur. Une fois affranchi, le nouveau libre devait encore supporter le poids de la « macule » servile, c'est-à-dire de la salissure liée à l'esclavage, dont le souvenir persiste parfois longtemps après dans le regard des autres. Avec un esclavage lié à la couleur de la peau, la macule servile est encore plus forte, d'où la persistance de politiques ou de formes de discriminations longtemps après la fin de l'esclavage. C'est le cas aux Etats-Unis, parfois en France, mais également en Mauritanie vis-a-vis des Haratins (groupe de « descendants d'esclaves »). On pourrait multiplier les exemples.

Le second type de racisme est plus culturel que physique. Les Grecs antiques nourrissaient ainsi un sentiment de supériorité sur les « Barbares », c'est-à-dire ceux qui ne parlaient pas leur langue. Car l'usage de cette langue était considéré par les philosophes comme le moyen le plus naturel d'exercer la raison, élément essentiel de l'« humanité ». Etaient-ils donc « racistes » ? On serait spontanément porté à répondre par l'affirmative dans la mesure où certains considéraient, comme Aristote, que l'esclave était inférieur à l'homme libre et que son statut provenait d'une différence de nature.

Mais si des spécialistes de l'Antiquité l'admettent, d'autres sont plus réticents à parler de racisme. Ils constatent notamment qu'Aristote prévoyait l'affranchissement, c'est-à-dire la possibilité pour un esclave de devenir libre. Or comment un acte comme l'affranchissement pourrait-il combler une différence définie comme étant de nature ? Il y a là, semble t-il, une contradiction. Contradiction qui, loin d'être limitée au discours d'Aristote (même si l'on peut trouver un moyen, en étudiant sa pensée, de la lever en partie), se retrouve presque toujours chez les esclavagistes, à travers le temps et l'espace.

Un mal nécessaire

D'autres contradictions sont rapidement apparues. La première, la plus évidente, se résume en une question : si l'esclavage était vraiment « naturel », pourquoi faudrait-il s'acharner à le justifier ? Des chrétiens se sont aussi parfois demandé comment un Dieu foncièrement bon pouvait permettre l'esclavage.

D'où un autre type de justification. Il consiste à lâcher un peu de lest et à reconnaître que, même « patriarcal » ou « domestique » (comme le disent en fait presque tous les esclavagistes), l'esclavage est un système pour le moins particulièrement rude. En ajoutant que celui-ci est néanmoins absolument nécessaire pour un tas de raisons : combattre les désordres individuels, assurer l'ordre social, permettre aux citoyens athéniens de s'adonner à la politique en étant déchargés des tâches purement économiques, assurer la production de denrées tropicales jugées nécessaires dans le cas de l'esclavage américain, etc. L'esclavage devient ainsi une sorte de mal nécessaire et une application de l'adage selon lequel la fin justifie les moyens.

On trouve parfois une idée pouvant s'accorder avec cet adage. Elle revient à dire qu'avant l'introduction de la machine et d'autres progrès techniques, il était peut-être difficile de se passer de l'esclavage. C'est ce que disaient certains abolitionnistes du XIXe siècle. Non pas, évidemment, afin de défendre l'esclavage, mais pour convaincre leurs contemporains qu'à leur époque de progrès techniques aucune justification, même économique, n'était plus valable. Plus généralement, des scientifiques se sont demandé si l'esclavage avait été un facteur ou un frein en matière de progrès économique : facteur grâce à la mobilisation d'importantes forces de travail, frein parce que le fait d'en disposer pouvait conduire à se passer du perfectionnement des techniques existantes. A ce jour, rien n'a vraiment permis de départager ces deux hypothèses.

Toutes ces pseudo-justifications de l'esclavage nous rappellent que la notion moderne des droits de l'homme (c'est-à-dire de droits inaliénables, acquis dès la naissance, et dont tout homme et toute femme doit pouvoir disposer librement) ne s'est dégagée qu'assez récemment dans l'histoire de l'humanité. De grands esprits qui n'étaient pas des « brutes » ont donc pu, à d'autres époques, s'accommoder de l'existence de l'esclavage. Une existence aujourd'hui heureusement devenue clairement monstrueuse.

Comment les esclaves considéraient-ils la situation qui leur était faite ?

Les silences de l'Histoire

Et les esclaves, comment voyaient-ils, eux, le système dont ils étaient les victimes ? A cette question il n'y a malheureusement pas beaucoup de réponses. Car on ne leur a jamais demandé leur avis. Les rares qui ont été à même de s'exprimer ont dû attendre d'être affranchis, transcrivant ainsi leurs souvenirs à travers le prisme de leur nouvelle condition.

On ne dispose guère de documents de ce genre pour les époques anciennes et médiévales. Quelques Mémoires d'anciens esclaves américains ont été publiés à la fin du XVIIIe siècle. Et la seule grande enquête réellement effectuée l'a été au début des années 1930, aux Etats-Unis, lorsque l'on a collecté, sur une grande échelle, tous les souvenirs possibles des anciens esclaves du Vieux Sud, près de soixante-cinq ans après l'abolition de l'esclavage (1865), époque à laquelle les plus âgées des personnes interrogées n'étaient que des enfants. Pour le reste, on retrouve parfois des lettres isolées, témoignages fugaces que l'on commence à mieux collecter.

En attendant, c'est souvent de manière indirecte, en essayant de retracer non pas ce qu'ils ont dit, mais ce qu'ils ont fait, que l'on peut espérer mieux savoir comment les esclaves percevaient l'esclavage.

Entre résistance et résignation

Il s'agissait toujours d'une charge terrible, car l'esclavage voulait forcément dire rupture des relations familiales et sociales antérieures, intrusion dans un monde nouveau, absence de liberté, même pour l'eunuque confiné dans un palais mais privé de descendance et sujet aux caprices de son maître. Les actes de résistance et de révolte étaient donc nombreux. Ceux qui, ne se révoltant pas, essayaient, au quotidien, d'obtenir quelques parcelles d'autonomie étaient sans doute encore plus nombreux. Parfois, comme dans l'Amérique coloniale espagnole, certains allaient en justice contre leurs « maîtres ». Les esclaves tentaient aussi de recréer des liens sociaux grâce à la famille, à la musique, à la danse…

Les esclaves étaient généralement privés d'une descendance légale. De ce fait, ils ne pouvaient pas être de véritables concurrents et étaient attachés à la fortune de leur « maître ». C'est la raison pour laquelle, de manière un peu surprenante pour nous, beaucoup d'esclaves, dans de nombreuses sociétés, furent considérés et utilisés comme des fidèles : des gardes du corps, des membres de milices privées, des soldats, mais aussi des sortes de « fonctionnaires ». Ainsi dans la Chine des Han (206 av. J.-C.-220 apr. J.-C.), dans le monde musulman, en Afrique noire (les esclaves de la « couronne » ou du « roi »), chez les Indiens des côtes du nord-ouest de l'Amérique, dans l'Empire romain, ou bien encore dans les îles Célèbes.

Dans son *Histoire des Berbères*, le grand historien arabe Ibn Khaldoun (1332-1406) écrit que les souverains aimaient appuyer leur « autorité sur des troupes domestiques » formées « d'esclaves tirés de l'étranger et de créatures attachées à la fortune de leur maître ». Lors de la guerre d'Indépendance américaine qui opposa les planteurs des treize colonies à l'Angleterre (1776-1783), des esclaves noirs s'enrôlèrent aussi contre une promesse de liberté dans les deux camps. Et, lors de l'insurrection de Saint-Domingue, certains « maîtres » furent sauvés par leurs esclaves.

Ceux qui étaient affranchis possédaient parfois des esclaves, comme Toussaint-Louverture qui, ancien cocher, devint le leader de la grande révolte noire de Saint-Domingue (1791-1804). Car, hommes de leur temps, les esclaves n'avaient pas toujours la possibilité de penser une société sans esclavage. Les Zendjs qui se révoltèrent dans la région du Bas-Irak au IXe siècle de notre ère tentèrent d'instaurer un nouvel ordre à leur profit, passant du statut d'esclaves à celui de maîtres. Spartacus et ses troupes auraient fait combattre à mort certains de leurs prisonniers, imitant ainsi les jeux du cirque dont ils avaient été les victimes.

Publié aux Presses de l'université de Harvard et récemment traduit en français, un ouvrage nous présente l'histoire de deux princes de Old Town, à Vieux Calabar, dans l'actuel Nigeria, qui, capturés par des négriers anglais, devenus esclaves aux Amériques et ayant racheté leur liberté, se sont retrouvés en Angleterre, y ont fréquenté les milieux abolitionnistes avant de revenir à Vieux Calabar et de pratiquer le commerce des esclaves. Inversement, comme un certain nombre de ses homologues, esclave en Amérique, Olaudah Equiano a consacré l'essentiel de sa vie, une fois libéré, à militer en faveur de l'abolition de l'esclavage.

Ces exemples nous montrent que, comme tous les autres hommes, les anciens esclaves n'ont pas nourri seulement *une* attitude vis-à-vis de l'esclavage. Leur rapport à ce système fut varié, et parfois évolutif. Tout cela nous rappelle qu'il a fallu du temps, beaucoup de temps, pour que l'idée même d'esclavage commence à être bannie de la conscience universelle.

Qu'est-ce finalement qu'un esclave ?

Nous savons maintenant ce que l'esclavage n'est pas. Il n'est pas « naturel ». Il n'est pas non plus entièrement soluble dans l'économie et dans l'idée d'exploitation. De mauvaises conditions de vie ne suffisent pas à faire un esclave. Et l'esclavage ne correspond pas à un système de production donné. Des esclaves ont travaillé dans des mines, d'autres furent précepteurs des enfants de leur « maître », cochers ou cuisiniers. Ils existaient aussi bien dans l'économie antique qu'à l'époque médiévale, dans le capitalisme commercial et à l'époque industrielle. Et l'esclavage existe aujourd'hui encore, dans notre monde dit postindustriel.

Mais que recoupe-t-elle, finalement, cette idée d'esclavage ? Est-il possible de définir l'esclave ? Peut-être, à condition de faire appel à un petit nombre de facteurs – et non à un seul –, et d'accepter l'idée que ces facteurs ont parfois pu se combiner de manière différente en fonction du lieu et du temps.

L'esclave est un « étranger »

L'esclave est d'abord un « étranger ». Pas forcément une personne originaire d'un autre pays, comme pourrait le faire penser le sens le plus courant du mot étranger. Mais plutôt quelqu'un qui est placé à l'extérieur du groupe de référence dans une société donnée. Sans cela, impossible en effet d'être un véritable esclave, totalement dépendant d'une autre personne. Etranger, mais à quoi ?

Pas simplement à un groupe donné, mais aussi à une dimension fondamentale dans la vie de ce groupe (l'esclave n'est en effet pas forcément exclu de tout, ne serait-ce que pour éviter de trop fortes tensions). Pour les Athéniens, c'était la langue grecque et la participation à la vie de la cité. Pour d'autres cela peut être des différences physiques, religieuses, d'origines, voire des combinaisons de ces différents traits.

Dans le monde musulman, par exemple, un musulman ne peut devenir esclave. Que faire alors des esclaves qui se convertissent ? A cela Ahmad al-Wancharisi répondit, au XVe siècle, que l'esclavage était « une humiliation et une servitude dues à l'incroyance *présente ou passée* ». Au cours de la période médiévale, il devint peu à peu évident, aux yeux des Européens, que l'on ne pouvait asservir un autre Européen, car celui-ci était chrétien. Cela n'empêcha pas l'existence d'un trafic d'esclaves chrétiens orthodoxes entre l'est et l'ouest de la Méditerranée.

Tout cela pour dire que cet « étranger » qu'est l'esclave ne l'est jamais « naturellement ». Changeantes d'un groupe à l'autre, ces différences que l'on monte en épingle sont en effet choisies et construites. Elles peuvent aussi évoluer. L'étranger c'est donc quelqu'un qui est perçu et présenté comme tel.

Parfois, l'étranger est une personne qui appartenait originellement à la même communauté, mais qui a été pour ainsi dire transformé en étranger. C'est le cas avec l'esclavage pour dette : non pas lorsque l'on travaille afin de rembourser une avance, mais lorsqu'il est clair que jamais ce remboursement ne sera acquis, que la servitude durera toute une vie, se transmettant même à la descendance. Ce qui implique une réelle et profonde déchéance, suffisante pour être exclu de sa communauté d'origine. Il peut d'ailleurs suffire d'un artifice. A Rome, les enfants abandonnés au vu de tous pouvaient devenir esclaves, car ils avaient ainsi été placés en dehors du groupe.

L'ESCLAVAGE POUR DETTES, VENTE DE SOI OU D'APPARENTÉS EN ESCLAVAGE

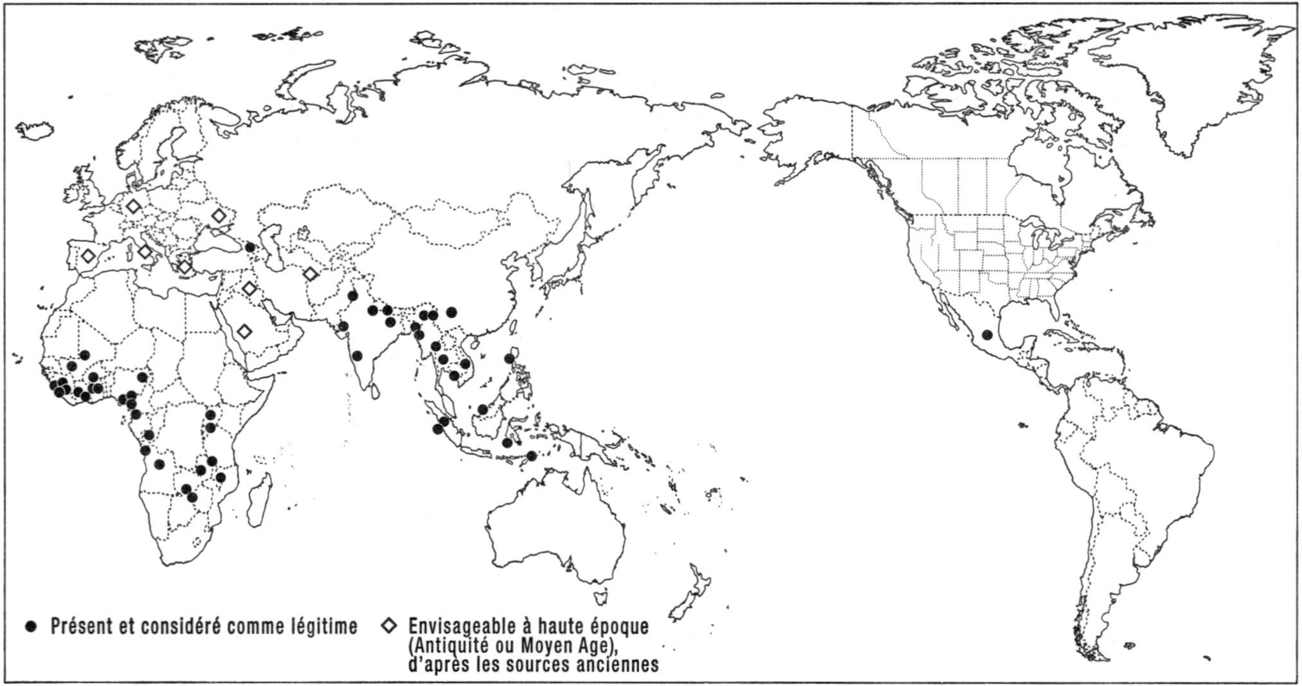

D'après Alain Testart, *La Servitude volontaire*, vol. 2, *L'Origine de l'Etat*, Errance, Paris, 2004.

Il n'y a donc pas de servitude véritablement « interne » à une société, entre ceux qui se reconnaissent comme membres d'une même communauté. On ne réduit jamais en esclavage son semblable. Il faut préalablement l'exclure d'une manière ou d'une autre de ce qui est censé conférer aux « maîtres » la plus haute humanité. C'est pourquoi ceux-ci ne fondent jamais uniquement leur domination sur la force, mais aussi sur une pensée de la discrimination qui leur permet de justifier, à leurs yeux, ce qu'ils font subir à ceux qui sont devenus leurs esclaves.

Lorsque l'esclave vient d'au-delà des limites originelles du groupe, il est souvent capturé ou acheté. Il peut aussi venir de loin, avoir passé par différents « maîtres ». Ce qui participe du processus permettant d'en faire peu à peu un « étranger » : étranger au groupe dont il a été arraché, étranger au groupe dans lequel il devient esclave. Tout cela est symbolisé par les rites marquant son entrée dans la société esclavagiste.

Ces rites peuvent changer selon la société concernée (même si le fait de donner à l'esclave un nouveau nom est assez fréquent). Mais ils existent toujours, d'une manière ou d'une autre. Les esclavagistes du passé (mais aussi parfois des analystes du présent un peu pressés) les interprètent comme le signe de l'admission dans une sorte de grande famille. Mais ces rites consistent d'abord à « déposséder » l'esclave de lui-même. Ils montrent ainsi qui est le « maître » et qui est l'esclave. Des coutumes ou des textes juridiques (des codes – voir le « reportage historique », p. 60) servent aussi à indiquer, à maintenir et à reproduire cette transformation en un étranger.

L'esclave est un individu « possédé » par son maître

Outre le fait d'être un « étranger », l'esclave, dit-on, est la « propriété » de son maître. Le problème de ce terme est qu'il a une connotation juridique. Or celle-ci s'affirme différemment dans les sociétés coutumières et dans celles où le droit est écrit. C'est, en outre, une notion ambiguë : la propriété peut être « éminente » (on dispose officiellement ou théoriquement de quelque chose ou de quelqu'un, sans forcément pouvoir en user) ou « utile » (droit d'user effectivement, voire d'abuser d'une chose ou d'une personne). Enfin, l'idée de propriété renvoie surtout au domaine de l'économique, où l'esclavage s'inscrit, bien sûr, mais auquel il ne se réduit pas totalement, nous l'avons vu.

A mon sens, un élément essentiel caractérisant l'esclave est que son « maître » puisse le posséder, qu'il ait ou non pour cela des titres officiels, écrits ou coutumiers. En devenant esclave, l'homme libre sait qu'il peut être soumis à l'arbitraire le plus total, car il ne s'appartient plus. Ce qui génère une terrible angoisse dont témoigne João Mascarenhas, un marchand portugais devenu esclave à Alger, entre 1621 et 1626 :

> « Assurément il n'y a pas de pire moment dans la vie que celui où un captif attend de découvrir le sort que lui réserve son maître », car « un homme ne peut connaître un plus grand malheur » que « d'être un esclave ». Et « si sa mauvaise fortune le met en outre dans les mains d'un méchant maître, il ne doit plus rien attendre de l'avenir et peut se considérer le plus malheureux des hommes : il n'y a pas d'enfer plus noir dans cette vie. »

Le « maître » possède son esclave car il l'a acheté ou l'a acquis (par donation, transmission...) et peut le céder. *L'existence de l'esclavage sous-entend ainsi celle du commerce des hommes. Il est la marchandisation de l'homme en tant que tel, dans sa totalité.* A quoi s'ajoute la transmission héréditaire, l'enfant d'un esclave devenant à son tour esclave.

Cette « possession » n'a pas besoin d'être exercée de manière totalitaire et ne l'a pas toujours été. Certains « maîtres » sont particulièrement cruels, d'autres moins. L'esclave peut donc parfois disposer de certaines libertés ou avantages (un lopin de terre, travailler à son compte pendant quelques jours, être loué à un autre, devenir artisan, avoir accès à l'économie monétaire et pouvoir ainsi éventuellement se racheter un jour, etc.). Mais ces libertés et avantages sont toujours conditionnés par la volonté de celui qui le « possède ».

Ce dernier peut être un grand personnage, un roi ou un empereur. Ses esclaves sont ainsi, en quelque sorte, des esclaves « publics ». Mais, comme on a partout mis du temps à faire la différence entre biens personnels d'un roi et biens publics, ces esclaves relevaient aussi, sauf exception, du patrimoine privé du souverain. D'une manière générale, à toute époque et en tout lieu, on peut estimer que la très grande majorité des esclaves ont appartenu à des individus « privés ».

Nous touchons là à une autre originalité, extrêmement forte, introduite par l'idée de possession. L'esclave dépend étroitement de son « maître ». Il échappe de ce fait en bonne partie au contrôle du souverain. Celui-ci peut légiférer, mais, au quotidien, c'est le « maître » qui, effectivement domine. C'est ce qui a fait dire au sociologue Alain Testart que, de manière assez paradoxale, les esclaves étaient peut-être moins sujets à l'arbitraire de leur « maître » dans les

Etats les plus despotiques, ceux où le monarque tentait d'étendre au maximum son contrôle.

L'esclave est un homme en sursis

L'esclave étant un « étranger », qui plus est « possédé » par son maître, il peut facilement être « déshumanisé ».

Chez les Angles et les Saxons du Moyen Age, celui qui est devenu esclave à cause d'une famine place sa tête dans les mains de son maître, duquel il reçoit une serpe ou bien un collier à bœuf. Dans l'ancienne Babylone, les esclaves pouvaient être marqués. Lors de la traite négrière, ils l'étaient généralement sur les côtes d'Afrique, avant même d'être déportés vers les Amériques.

A ces rituels destinés à montrer que la personne asservie se place désormais sous le joug d'une autre, s'ajoutent les discours des esclavagistes qui ravalent souvent leurs esclaves à des choses et à des animaux. Pour l'écrivain persan du XIIIe siècle Nasir al-Din Tusi, les Zendjs, ou habitants de l'Afrique noire orientale, diffèrent ainsi seulement des animaux en ce que « leurs deux mains sont levées au-dessus du sol ».

On reconnaîtra, dans ce type de déclaration, une synthèse des principales stratégies d'auto-justification des esclavagistes auxquelles nous avons déjà fait allusion. En premier lieu, il permet de légitimer le pouvoir du « maître », car ce dernier est ainsi censé s'exercer sur des individus « inférieurs ». En second lieu, il cantonne les esclaves à l'extérieur de la société des « maîtres », marquant avec eux une distance apparemment infranchissable. Enfin, l'assimilation à un animal ou à une chose apparaît souvent indispensable afin de mieux exploiter les esclaves.

Cela n'empêche pas les esclavagistes de reconnaître aussi que les esclaves sont bien des hommes, et qu'ils disposent, à ce titre, d'un certain nombre de droits, souvent rappelés dans les « codes » esclavagistes. Il est vrai que, arraché à son monde originel, l'esclave subit une « mort sociale », comme l'a indiqué le sociologue Orlando Patterson. Mais à celle-ci succède une renaissance sociale, à la fois recherchée par l'esclave et plus ou moins contrôlée par le « maître ». L'esclave demeure donc toujours un homme. D'une part en résistant au processus de déshumanisation. D'autre part parce que ce dernier ne peut être que partiel. Si l'esclave n'était pas et ne restait pas un homme il ne serait en effet que de peu d'utilité pour son « maître ».

C'est ce que nous dit Claude Meillassoux : « En termes de droit, l'esclave est décrit comme un objet de propriété [...]. Mais dans la perspective de son exploitation, l'assimilation d'un être humain à un objet, ou même à un animal, est une fiction contradictoire et intenable. Si l'esclave était dans la pratique traité comme tel, l'esclavage n'aurait aucune supériorité sur l'emploi d'outils matériels ou sur l'élevage du bétail. Dans la pratique, les esclaves ne sont pas utilisés comme des objets ou des animaux [...]. Dans toutes leurs tâches – même le portage – il est fait appel à leur raison si peu que ce soit, et leur productivité ou leur utilité s'accroît en proportion de ce recours à leur intelligence. »

Dans le Code noir (1685) régissant les rapports entre « maîtres » et esclaves dans les colonies françaises, l'esclave est considéré comme un bien meuble (article 44). Mais on indique aussi que s'il se marie son mariage doit être célébré religieusement, selon les règles, ce qui ne saurait renvoyer à l'animal ou à la chose.

Ainsi, les mêmes personnes peuvent tout à la fois reconnaître que leurs esclaves sont évidemment des hommes et les considérer comme proches de la chose ou de l'animal. En réalité, c'est cette contradiction même qui permet en partie de définir l'esclavage. Et c'est elle qui détermine la « valeur » de l'esclave pour son « maître ». Un sociologue américain, Talcott Parsons, a très bien résumé la chose en disant que la valeur d'un esclave en tant que propriété réside dans le fait qu'il est une personne, mais que sa valeur en tant que personne tient au statut faisant de lui une propriété.

L'esclave est donc l'homme qui demeure toujours un homme mais qui peut, selon le bon vouloir de son maître, être parfois ravalé au rang d'une chose ou d'un animal. *On pourrait dire que c'est ainsi une sorte d'homme en sursis.*

L'esclave est un sujet « utile » à son maître

A la différence du serf du Moyen Age qui est uniquement un travailleur agricole, l'esclave est l'homme ou la femme à tout faire. Ce qui domine dans l'esclavage, et ce qui explique sans aucun doute en partie sa durée et son extension de par le monde, c'est son extrême malléabilité. L'esclave peut être soldat, eunuque ou concubine ; artisan, banquier ou précepteur, cultivateur, domestique, porteur, marin, mineur de fond ou encore ouvrier. Il n'est pas toujours « productif » dans le sens premier de ce terme. Aristote distingue la « fabrication » et l'« action ». Pour lui l'esclave est d'abord « un subordonné dans l'ordre de l'action », un serviteur plus qu'un « producteur ».

L'esclave n'est donc pas forcément à l'origine de la production d'un bien visible. Mais il est toujours utile et profitable. Un profit et une utilité qui varient beaucoup, selon les sociétés, l'époque et le lieu : il peut rapporter de l'argent s'il est loué, produire des denrées agricoles, participer au prestige de son « maître », ou bien encore défendre son influence par les armes. Dans les sociétés « lignagères » (c'est-à-dire organisées en groupes censés descendre d'un même ancêtre), l'esclavage permet d'augmenter le nombre de ses dépendants. Dans tous les cas, qu'il soit militaire ou élément d'un lignage, l'esclave contribue à renforcer les puissants. Il constitue, de ce fait, un atout politique. Cette fonction politique de l'esclavage fut notamment importante en Afrique noire et dans le monde musulman. L'esclave est également partout susceptible d'abus sexuels en tout genre.

Dans un livre paru en 2000 sur l'esclavage dans la péninsule Ibérique à la fin du Moyen Age et à l'époque moderne, l'historien Alessandro Stella nous rappelle que cette motivation, « oubliée au profit de justifications exclusivement économiques », était « sans doute une raison puissante de l'esclavage ». Ce que l'on a montré « pour l'esclavage arabe, américain, africain ou chinois, ajoute t-il, nous le voyons à l'œuvre sur le vieux continent », dans le cadre de « sociétés chrétiennes et monogames, au sein desquelles l'Eglise s'efforce d'imposer sa morale sexuelle ». Le sujet était donc « gardé secret », et « la pratique n'était ni affichée ni encore moins revendiquée ».

L'utopie ou le récit des origines témoignent à leur manière de cette utilité générale, du rôle d'hommes ou de femmes à tout faire que sont potentiellement les esclaves. Pour les Grecs anciens, dans un monde sans esclaves (forcément mythique pour eux car ils ne concevaient pas de société sans esclavage), toutes les tâches se feraient en fait d'elles-mêmes :

« Cronos régnait autrefois », nous dit ainsi Cratès, un auteur de la comédie ancienne (peut-être mort vers 424 av. J.-C.). A cette époque, « avec des pains on jouait aux osselets », tandis que « tombaient des arbres, comme des fruits mûrs, des galettes [...] ruisselantes de lait ». Et Télékleidès, contemporain de Périclès, aurait écrit après 446 :

« Dans tout ruisseau coulait du vin. Le pain d'orge se battait avec le pain de froment autour de la bouche des hommes, en les suppliant de l'avaler s'ils aimaient le pain plus blanc. Le poisson venait dans les maisons, se faisait frire tout seul et se servait sur la table. Une rivière de soupe coulait près des lits de table, charriant des morceaux de viande tout chauds. Des conduits de sauce piquante étaient là pour ceux qui en voulaient [...]. Dans les plats creux apparaissaient des gâteaux saupoudrés d'épices [...]. Les hommes étaient gros alors, d'énormes Géants ! »

ZOOM »

La malédiction de Cham

« Noé, le cultivateur, commença de planter la vigne. Ayant bu du vin, il fut enivré et se dénuda à l'intérieur de sa tente. Cham, père de Canaan, vit la nudité de son père et avertit ses deux frères au-dehors. Mais Sem et Japhet prirent le manteau, le mirent tous deux sur leur épaule et, marchant à reculons, couvrirent la nudité de leur père ; leurs visages étaient tournés en arrière et ils ne virent pas la nudité de leur père. Lorsque Noé se réveilla de son ivresse, il apprit ce

ZOOM »

que lui avait fait son fils le plus jeune. Et il dit : Maudit soit Canaan ! Qu'il soit pour ses frères l'esclave des esclaves. »
Voici comment, dans la Bible (Genèse, IX), est évoquée la malédiction dite de Cham. Celle-ci pèse en fait non pas sur Cham ayant commis la « faute » de voir son père ivre et nu, mais sur Canaan, fils de Cham (dans l'Ancien Testament il arrive en effet à plusieurs reprises que les enfants et leur descendance soient punis pour les fautes de leurs pères). C'est sur ces bases plus que floues que certains commentateurs ont prétendu s'appuyer pour légitimer, bien plus tard, le commerce des esclaves noirs, tant en direction du monde musulman que de l'Amérique coloniale. Pour eux il ne faisait en effet aucun doute que Cham était noir, et que, de ce fait, l'ensemble des populations noires avaient été condamnées à être les esclaves des autres peuples de la terre !
Les interprétations de ce texte sont tellement nombreuses et mêlées les unes aux autres, depuis près de 2 000 ans, qu'il est aujourd'hui quasiment impossible de savoir qui, véritablement, fut à l'origine de cette déformation évidente du texte biblique. Ce qui est sûr, cependant, est qu'elle ne fut vraiment montée en épingle qu'à partir du moment où la traite des Noirs se développa, c'est-à-dire après le VIIe siècle pour le monde musulman et après le XVe siècle pour l'Amérique. On pouvait encore, à la fin du XVe siècle, dans l'une des premières bibles imprimées, consulter un arbre généalogique dessiné des descendants d'un Cham blanc

ZOOM »

sur lequel seul l'un des très nombreux personnages était visiblement noir. Preuve qu'alors le lien entre Cham et l'Afrique noire était loin d'être admis par tous comme une évidence.

Avant de servir d'alibi aux intérêts des marchands négriers, le mythe avait, au temps des Hébreux, été utilisé par Israël contre le peuple de Canaan qui le menaçait. Il a depuis été repris dans différents argumentaires racistes et colonialistes, comme aux Etats-Unis et, plus récemment, dans l'Afrique des Grands Lacs et au Rwanda, où les populations d'éleveurs (ou Hamites) étaient parfois censées provenir d'ancêtres de Cham.

Les multiples usages de ce mythe sans le moindre fondement montrent qu'il est malheureusement toujours facile de trouver des alibis afin de tenter de justifier l'injustifiable.

REPORTAGE HISTORIQUE »

Les codes esclavagistes

Mars 1685. Un texte « touchant la police des îles de l'Amérique française » est édicté. Tristement célèbre sous le nom de Code noir, il fut appliqué dans les possessions coloniales françaises (Antilles, Mascareignes, Louisiane, Guyane). L'initiative en revint à Colbert, qui avait commandé des mémoires sur la situation aux îles. A cette époque, la monarchie française consolide ses possessions aux Antilles. La production de sucre s'y développe, ainsi que la traite négrière. Les départs d'engagés blancs vers les îles tendent à diminuer, tandis que les arrivées d'esclaves noirs se multiplient. Il en résulte la naissance d'une société opposant un nombre réduit de colons à une forte et grandissante population d'esclaves. Moins marquée lors des premières années, une terrible ségrégation s'instaure désormais.

Des textes du même type que celui de mars 1685 furent mis en place dans toutes les colonies de l'Amérique anglo-saxonne à l'époque moderne, comme à la Barbade en 1661 ou en Virginie en 1705. Dans les possessions espagnoles, ce furent les *Siete Partidas* (1255-1265), lois inspirées du droit romain et du christianisme, qui furent appliquées, complétées par divers règlements. De la même manière, les esclaves apparaissaient souvent dans les lois des « royaumes barbares » qui succédèrent à l'Empire romain d'Occident, entre les Ve et VIIIe siècles (dans 46 % des lois des Wisigoths et 13 % des lois saliques, par exemple). Bien avant, fondant un grand empire en Mésopotamie, Hammourabi, sixième souverain de la dynastie amorrite de Babylone (1793-1750 av. J.-C.), s'attacha à lui donner une administration relativement unifiée. Il fut ainsi à l'origine d'un « code » portant son nom. Dans celui-ci, entre autres choses, apparaissent des informations relatives aux esclaves d'alors.

Publié dans sa version finale en l'an 534 de notre ère, le Code Justinien, du nom de l'empereur byzantin (527-565) sous l'autorité

duquel il fut promulgué, accordait également une place importante à l'esclavage.
Toutes ces règles, de différentes époques, correspondent la plupart du temps à des textes assez courts, repris, complétés, regroupés et modifiés avec le temps, et non à de véritables « codes » de lois comme le Code civil. Mais c'est ainsi, cependant, que l'on a pris l'habitude de les appeler.
C'est que, dès qu'il y a une société esclavagiste, il y a aussi un droit, des coutumes ou des règles afin d'en assurer le fonctionnement. Ce cadre formalisé ne vise pas seulement à favoriser la stabilité et la « reproduction » des sociétés esclavagistes. Si l'Etat légifère en la matière c'est en effet aussi parce qu'il entend garder la main, intervenir dans les relations entre « maîtres » et esclaves et ne pas abdiquer de ses prérogatives face aux premiers. Ce n'est pas un hasard si le Code noir a été rédigé sous le règne de Louis XIV, où l'effort de hiérarchiser tous les pouvoirs sous l'autorité suprême du roi atteint son apogée. C'est pour la même raison, assurer le pouvoir de l'empereur, que le Code Justinien, qui laissait l'esclave soumis à l'autorité de son « maître », faisait aussi de lui un sujet plus contrôlé qu'auparavant par le souverain.
Les soixante articles du Code noir résultent et témoignent d'un affrontement entre deux conceptions. La première vise à restreindre les droits des colons sur leurs esclaves, pour des raisons religieuses et morales, et parce qu'un monarque absolu ne peut tolérer que quiconque puisse jouir de droits illimités. La seconde

sacrifie tout aux intérêts économiques de la traite négrière et du monde de la plantation.
D'un côté, l'esclave doit ainsi être baptisé, instruit dans la religion catholique, marié par un prêtre et enterré en terre consacrée. On reconnaît par là même qu'il est bien un homme. C'est également en tant qu'homme qu'il est tenu comme responsable sur le plan pénal. Il peut être enchaîné ou fouetté, mais non mutilé, torturé ou mis à mort. Au-delà de l'âge de dix ans, son « maître » lui doit une ration hebdomadaire minimale (réduite de moitié pour les plus jeunes), composée de sept livres et demie de farine de manioc, de deux livres de bœuf salé ou de trois de poisson. Le tout doit être versé sous forme de nourriture, et non remplacé par de l'eau-de-vie ou bien par l'allocation d'un petit lopin de terre à partir duquel l'esclave serait obligé de subvenir seul à ses besoins alimentaires. Enfin, il est prévu que l'esclave puisse être affranchi et accéder ainsi théoriquement aux mêmes droits que les personnes nées libres.
Mais, parallèlement, et contradictoirement avec ce qui vient d'être dit, l'esclave est également considéré officiellement comme un « bien meuble » (article 44), c'est-à-dire une chose. Il peut donc être acheté, assuré et vendu légalement, ou bien transmis par héritage. Entrant dans le capital de la plantation, il est en cas de faillite vendu aux enchères, comme les bâtiments ou les machines, sans toutefois être partagé entre plusieurs maîtres comme dans le droit romain (et sans que l'on puisse séparer le mari de la femme et de ses jeunes enfants). Aucun patrimoine n'est

REPORTAGE HISTORIQUE »

reconnu à l'esclave. Tout ce qu'il a appartient à son « maître ». Et il ne peut, en tant que chose, demander justice. Ce faisant, le Code noir témoigne d'une législation véritablement d'exception, propre aux seules colonies.

En pratique, ces colonies lointaines apparaissaient contrôlées par les seuls colons. Y jouissant d'un pouvoir quasi discrétionnaire, faute de véritables contre-pouvoirs, ils ont toute latitude pour respecter ou non les règles en vigueur. Celles-ci évoluèrent de plus dans un sens très restrictif, avec l'interdiction des mariages entre Blancs et Noirs et le durcissement de la procédure d'affranchissement. On pouvait condamner à mort un esclave ayant simplement porté la main contre le visage de son maître ou toute autre personne de son entourage. Le « marron » (esclave en fuite) récidiviste se voyait couper le jarret. A la troisième tentative il était mis à mort.

Les ordonnances de 1784 et 1785 tentèrent de limiter les abus. Mais le fossé entre la théorie et la pratique demeura. En usage jusqu'en 1848, le Code noir fut l'un des outils au service de l'inhumanité intrinsèque du système esclavagiste. Il en demeure l'un des symboles.

UN DÉBAT OUBLIÉ »

Les domestiques à l'époque de la Révolution française

Mérite-t-on de devenir membre à part entière de la communauté nationale si l'on dépend

d'un autre, si l'on vit sous son toit, si on le sert, bref si l'on est son « domestique » ?
Non, clamèrent en chœur presque tous les révolutionnaires de 1789 et 1792, qui refusèrent d'accorder aux domestiques l'exercice d'une pleine et entière citoyenneté. Si, répondirent les révolutionnaires les plus engagés, les Montagnards de 1793 dirigés par Robespierre, qui abolirent la domesticité car elle était selon eux trop proche de l'esclavage. Mais cela ne les empêcha pas, conformément à la manière d'alors de voir les choses, de mettre les domestiques dans le même sac que leurs maîtres, lors de la loi de proscription du 19 mars 1793. Celle-ci menaçait de la peine de mort, sans jugement, les « ci-devant » prêtres et nobles, mais aussi leurs domestiques, qu'ils aient ou non lutté contre la république. Simplement parce que même les Montagnards avaient du mal à concevoir que des domestiques puissent ne pas être tenus par les opinions de leurs « maîtres ». Ils leur déniaient ainsi la possibilité d'être dotés d'une personnalité propre.
On voit par là qu'un domestique n'était pas perçu comme un homme tout à fait libre dans les premières années de la Révolution française. Et pour cette raison on hésitait à en faire un citoyen comme les autres, de peur qu'il ne « corrompe » le fonctionnement des institutions « démocratiques ». A l'image erronée de l'esclave qui, affecté à des tâches « domestiques », serait mieux traité, voire « moins esclave » que ses pairs relégués hors de la maison du « maître »,

s'oppose ici l'image du domestique qui n'est pas libre parce que, comme l'esclave, il dépend d'un maître.
Cela rappelle un peu l'Athènes du Ve siècle avant J.-C., où le citoyen se définissait par sa participation à la vie politique de la Cité, privilège réservé aux seuls « hommes libres ».

CHAPITRE 2

Naissance et évolution de l'esclavage

Nous avons vu que l'esclavage n'a pas toujours existé et que certaines sociétés humaines ne l'ont pas connu. Bref, qu'il n'a pas été universellement répandu, à l'encontre de ce que pouvaient dire certains esclavagistes. L'esclavage ne relève donc pas d'une sorte de constante anthropologique, en ce sens qu'il n'est pas automatiquement lié à la présence de l'homme.

Mais alors, pourquoi est-il apparu en certains lieux et pas ailleurs, à telle ou telle période mais pas à d'autres ? C'est à ces questions qu'il nous faut maintenant essayer de répondre. Nous disposerons ainsi des notions nécessaires pour analyser les grands types de systèmes esclavagistes de l'Histoire, et, au final, nous interroger sur l'état présent de l'esclavage : a-t-il disparu, est-il en train de resurgir ou bien de changer de forme ?

Pourquoi l'esclavage est-il apparu ?

La question des « origines » est toujours la plus difficile à résoudre, la plus embrouillée par l'existence de mythes et de légendes. Nous en avons vu une première illustration dès l'ouverture de ce livre, en évoquant l'idée selon laquelle les premiers esclaves auraient été des prisonniers auxquels « nos ancêtres » cannibales auraient décidé de laisser la vive sauve.

L'histoire des fourmis amazones

Poursuivons avec une autre histoire, mais cette fois parfaitement véridique. Celle des « fourmis amazones », ou « fourmis esclavagistes », qui intriguèrent fortement le grand Charles Darwin (1809-1882), celui qui fut le premier à développer la théorie de l'évolution par le biais de la sélection naturelle des espèces.

Les fourmis de l'espèce *Polyergus rufescens* semblent totalement incapables de survivre sans le travail de leurs esclaves, puisqu'elles ne peuvent creuser les galeries souterraines de leur fourmilière, ni même se nourrir seules. Situation quasi comparable à celle d'une autre espèce, *Formica sanguinea*. Quasiment car, selon la répartition géographique de ces espèces, les comportements et le degré de dépendance des fourmis vis-à-vis de leurs esclaves diffèrent quelque peu.

Foncièrement antiesclavagiste (même s'il a dû se résoudre, au cours de la guerre de Sécession américaine, à ce que son pays, l'Angleterre, ne soutienne pas le Nord contre le Sud esclavagiste), Darwin s'est longtemps demandé comment expliquer ce qu'il constatait chez ces fourmis. Avec l'aide de plusieurs collègues naturalistes, il arriva finalement à résoudre en partie l'énigme et à montrer qu'il n'y avait rien de « naturel » dans leur comportement.

Le raisonnement est le suivant. Ayant sans doute oublié des nymphes prises à l'ennemi, les « fourmis amazones » constatèrent qu'une fois écloses dans leur nouvelle fourmilière, elles s'y activaient et la défendaient comme si elle était la leur, n'ayant apparemment aucun « souvenir » de leur vie antérieure. Nul besoin, donc, de faire appel à un quelconque conditionnement pour expliquer leur docilité. Elles avaient tout simplement « l'impression » d'être chez elles. Ce « hasard » initial aurait aussi montré aux « amazones » tout l'intérêt d'utiliser les nymphes des autres, facilitant leur évolution et le renforcement de leurs mandibules, devenues fort pointues. A tel point qu'aujourd'hui celles-ci les rendent impropres à pratiquement tout, mais leur procurent un avantage considérable dans la guerre en leur permettant de percer le cerveau de leurs ennemis.

L'esclavage chez les fourmis proviendrait ainsi de comportements acquis et transmis du fait du processus évolutif. Darwin était heureux. Car, considérant l'esclavage comme une monstruosité, il ne pouvait admettre qu'il fût « naturel », même chez les animaux.

La théorie évolutionniste

Plusieurs savants tentèrent par la suite d'expliquer l'esclavage chez les hommes à partir de la théorie de l'évolution des espèces. Dans un livre intitulé *L'Evolution de l'esclavage dans les diverses races humaines* (1897), Charles Letourneau indiqua que l'esclavage n'avait été ni originel ni universel. Qu'il avait été inconnu des premières sociétés humaines, là où les tâches sociales à accomplir étaient relativement peu nombreuses et où la femme – sorte d'esclave familial – pouvait y pourvoir. C'est lorsque les sociétés humaines seraient devenues plus complexes, avec l'apparition des tribus, que l'on aurait commencé à utiliser d'autres hommes comme esclaves, alors qu'auparavant les captifs n'étaient perçus qu'à l'instar d'une réserve de chair, en prévision de sacrifices rituels ou de moments de disette.

Letourneau rejoignait ainsi Darwin. Dans *La Descendance de l'homme* (1871), ce dernier considérait en effet que l'esclavage était la conséquence d'un reste d'animalité chez l'homme barbare, et d'un reste de barbarie chez l'homme civilisé. Pour n'être pas « naturel », l'esclavage, selon lui, restait la marque d'une sorte de « recyclage » de notre animalité dans les mœurs de sociétés « barbares ». En conséquence, plus le degré de « civilisation » augmentait chez l'homme, plus l'esclavage devait s'y atténuer et « s'adoucir » (en passant par le servage), avant finalement de disparaître. Non sans évoluer ou sans être remplacé par d'autres formes d'exploitation de l'homme, comme le salariat. Contemporain de l'essor du capitalisme « sauvage » à l'heure de l'industrialisation de l'Europe, et influencé par Marx, Letourneau critiqua ainsi fort vivement les dérives du salariat, n'hésitant pas à qualifier de nouvelle forme de traite et d'esclavage l'exploitation des ouvriers étrangers.

Cette idée de rapports entre l'évolution de l'esclavage et celle de la « civilisation » se retrouve, bien avant Darwin et ses successeurs, chez des hommes des Lumières. Croyant l'homme raisonnable, les philosophes du XVIIIe siècle ne pouvaient en effet que croire en un progrès indéfini, et donc à la condamnation à terme de l'esclavage. Sous la Restauration, des parlementaires conservateurs, comme Pierre de Gères de Camarsac, préférèrent utiliser l'idée d'évolution au profit du christianisme. « Ce que n'avaient pu faire ni la civilisation ni les efforts glorieux de nos ancêtres, proclamait-il en 1827, une religion de paix et d'union devait l'exécuter par la force irrésistible de la persuasion » : à « mesure qu'elle se répandit sur la terre, la barbarie et l'esclavage reculèrent devant elle ».

On voit ainsi que, pour des motifs sans doute différents, des hommes de science, des philosophes et des défenseurs du christianisme s'emparèrent de l'idée d'évolution pour la relier à l'histoire de l'esclavage. Marx et Engels emboîtèrent aussi le pas. Les marxistes assimilèrent l'esclavage à un stade de l'évolution humaine. La théorie évolutionniste a été si utilisée que l'on imagine encore aujourd'hui des relations quasi automatiques entre l'histoire des « progrès » humains et celle de la progressive disparition de l'esclavage.

Un essayiste a récemment suggéré qu'il faudrait rechercher l'origine de l'esclavage dans l'exploitation de la femme. Non pas tant l'exploitation sexuelle à laquelle l'industrie de la prostitution pourrait faire aujourd'hui penser, mais l'exploitation du travail domestique et agricole, et surtout l'exploitation des capacités reproductrices de la « femelle » permettant à un groupe de prendre l'ascendant sur un autre en augmentant sa population.

De son côté, l'historien David Brion Davis pense que la domestication de certains animaux par l'homme aurait pu lui donner l'idée de s'assurer le service d'esclaves. Ce qui pourrait en faire remonter les origines à l'époque du néolithique. Un philosophe tient au contraire à souligner le fait que l'esclavage serait une invention « orientale », parce qu'il serait né dans les pays du Croissant fertile, c'est-à-dire dans les régions de la Mésopotamie situées entre les fleuves du Tigre et de l'Euphrate. Là où l'écriture a été inventée et où les premiers Etats plus ou moins centralisés sont nés. Le tout environ 3 000 ans avant notre ère, au moment où la préhistoire s'achève et où l'histoire débute.

L'esclavage est la résultante de plusieurs facteurs

Les choses ne sont en fait pas aussi simples. On sait aujourd'hui que l'esclavage a existé chez des peuples que l'on qualifiait au XVIIIe siècle de « sauvages » et « bons », car on les imaginait vivant dans un supposé état de « nature » préservé des artifices propres à notre vie sociale : des peuples ne connaissant ni l'écriture, ni les formes centralisées de l'Etat. L'esclavage n'est donc pas forcément « né » avec notre type de société. Nul n'ignore par ailleurs que des nations hautement « civilisées », constituant encore parfois pour nous des « modèles », ont allègrement pratiqué l'esclavage, comme les Grecs et les Romains. Sans oublier que l'esclavage n'a pas aujourd'hui totalement disparu et qu'il semblerait même ici ou là se développer à nouveau. Tout cela nous montre, à l'évidence, que l'histoire de l'esclavage ne peut pas s'expliquer par la vision simpliste d'un progrès continu de la civilisation supposé induire une éradication proportionnelle de l'exploitation de l'homme par l'homme !

Par contre, l'esclavage semble être assez clairement relié à l'existence de sociétés relativement complexes. Il apparaît quand les tâches commencent à être de plus en plus différenciées et qu'il devient possible d'accumuler des surplus, comme dans les sociétés dites « des greniers » d'Afrique occidentale. Qui dit surplus, notamment agricoles, dit en effet nécessité de les stocker. Cela signifie aussi, et surtout, que certains peuvent désormais tenter de se les approprier. Dès lors, les inégalités internes (entre membres d'une même société) et externes (entre membres de sociétés différentes) peuvent se renforcer. A ces mutations économiques et sociales s'en ajoutent d'autres plus « politiques ». Car, dans l'esclavage pour dette, qui apparaît comme très ancien, une influence économique se trouve transformée en un *pouvoir* sur une personne.

La manière dont une société se structure et se pense joue aussi certainement un rôle. Là où les sociétés sont très hiérarchisées, et les hiérarchies très solides, il n'y a pas ou peu d'esclaves, du moins « internes », comme dans l'Inde traditionnelle des castes. Dans les sociétés où, au contraire, la mobilité sociale est à la fois acceptée et réelle – comme dans nos sociétés modernes –, l'esclavage a également très peu de place. Comme s'il renvoyait à une sorte d'entre-deux. C'est-à-dire à des sociétés hiérarchisées, mais où une certaine mobilité existe tout en étant contenue.

Tout cela a conduit un certain nombre de sociologues et d'anthropologues à penser que l'esclavage était apparu au moment où des sociétés relativement traditionnelles s'ouvraient et connaissaient des changements importants. Dans ces sociétés en mutation, l'esclavage a pu constituer un moyen de réguler les tensions induites par le changement, en en détournant les conséquences sur un « étranger » (lequel, comme on l'a vu, est toujours le produit d'un choix) : l'esclave. La communauté des « maîtres » pouvait ainsi se transformer sans ruiner sa cohésion.

L'apparition de l'esclavage ne serait donc pas liée à un type de facteur (le passage de la famille à la tribu comme disait Letourneau, la lutte des classes pour Marx, ou l'invention de l'écriture) mais à une combinaison de facteurs. Pas à un « stade » précis d'évolution, mais à l'existence de certaines conditions préalables (économiques, sociales, politiques, culturelles...), et à des processus de changements variés.

Selon Alain Testart, l'esclavage serait ainsi né *avant* l'Etat qu'il aurait contribué à faire émerger. C'est l'hypothèse, passionnante et fort bien étayée, qu'il développe dans un beau livre consacré aux « morts d'accompagnement », c'est-à-dire aux personnes qui, se suicidant ou étant exécutées, sont ensevelies aux côtés de la dépouille d'un personnage plus puissant qu'eux. Cette hiérarchie est clairement lisible dans les tombes, du fait de la disposition des morts d'accompagnement (aux pieds du personnage principal ou encore en cercle autour de lui), de leur posture corporelle (défunt principal assis, autres couchés, ou bien mains placées devant le visage, signe caractéristique des personnes enterrées vivantes) et de l'inégalité des ornements, des biens ou du mobilier enterrés.

Alain Testart montre que tout cela ne correspond ni à des sacrifices ni à des croyances religieuses précises. Mais s'explique principalement par l'existence de liens de dépendance très forts au profit d'individus puissants. Tellement puissants qu'ils souhaitent entraîner dans leur mort certains de leurs serviteurs ou de leurs fidèles, parfois dans la tombe, mais aussi au bûcher ou d'autres manières. Tous ne sont pas des esclaves. Mais une partie d'entre eux l'est, sans aucun doute. L'auteur pense qu'il s'agit surtout d'esclaves « internes » (esclavage pénal, ou pour dette).

On ne peut véritablement attester la présence de la pratique des morts d'accompagnement au paléolithique. Mais elle est très clairement répandue à partir du néolithique, avant même l'émergence des « grandes civilisations » de Chine, de Mésopotamie et d'Egypte qui ne la connurent qu'à leurs débuts, avant de la réprouver. La carte permet de souligner combien la pratique fut géographiquement répandue, notamment dans l'Eurasie tempérée (de l'Europe orientale à la Chine), avec ses prolongements coréens, japonais et sibériens, mais aussi à travers toute l'Afrique noire (aires et périodes musulmanes et chrétiennes exceptées).

Les données relatives à l'Europe occidentale nous laissent encore dans l'incertitude pour les périodes anciennes. Mais dans *La Guerre des Gaules* (VI, 19), Jules César écrit que, chez les Gaulois, les funérailles « sont magnifiques et somptueuses ; tout ce que l'on pense que le défunt a chéri pendant sa vie est porté au bûcher, même les animaux ; il y a peu de temps encore, quand la cérémonie funèbre était complète, on brûlait avec lui les esclaves et les clients qui lui avaient été chers ». Nous disposons même, pour

L'ACCOMPAGNEMENT FUNÉRAIRE PAR DES ESCLAVES (XVIe-XIXe siècles)

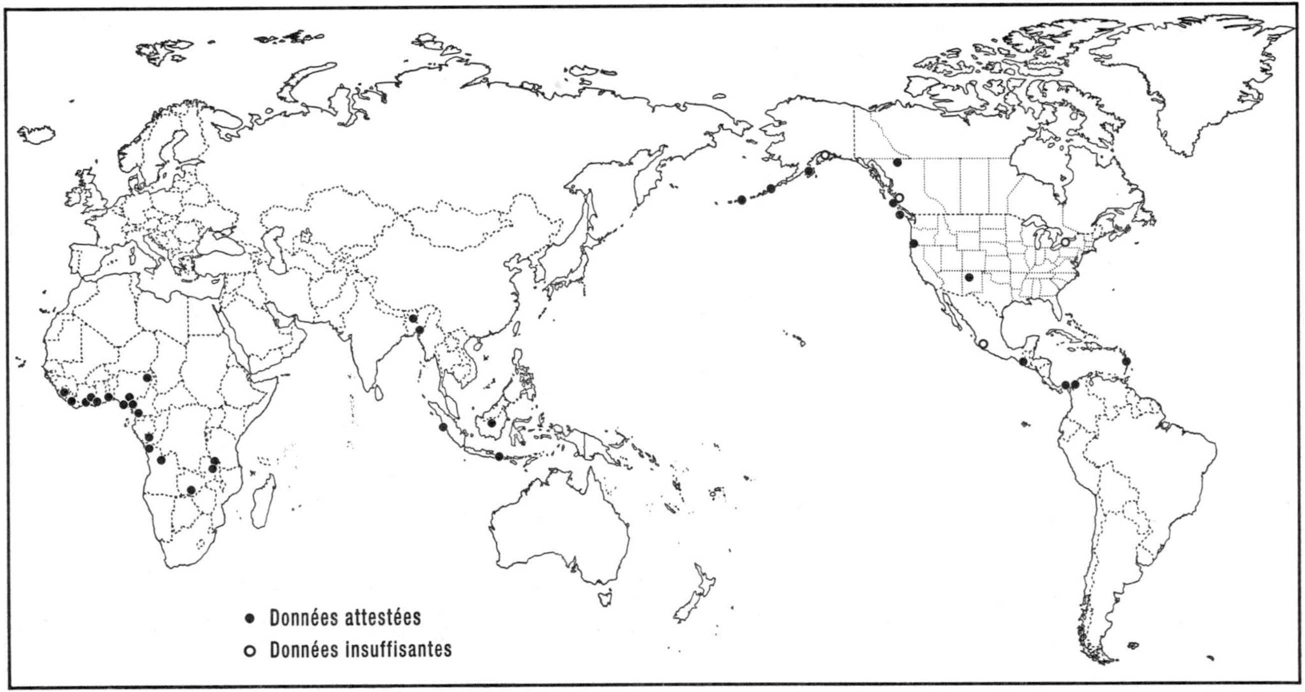

D'après Alain Testart, *La Servitude volontaire*, vol. 1, *Les Morts d'accompagnement*, Errance, Paris, 2004.

les Indiens de la côte nord-ouest américaine (du sud de l'Alaska au nord de la Californie), où ces pratiques ne cessèrent que dans les années 1860-1870, de témoignages directs recueillis auprès de témoins oculaires qui parlent d'esclaves enfermés vivants dans des tombeaux dont ils se sont échappés avant d'être recueillis par des Européens.

Comment l'esclavage s'est-il perpétué ?

L'esclavage renforce les élites, qui ont ensuite intérêt à le maintenir

Une fois instauré, l'esclavage favorise le renforcement des élites en place, et leur renouvellement ou « reproduction », comme disent les chercheurs. Renforcement des élites guerrières et marchandes dans l'Afrique noire précoloniale, renforcement de l'élite des planteurs dans les sociétés esclavagistes de l'Amérique coloniale moderne, renforcement, comme on le verra bientôt, de la démocratie athénienne. A ce niveau de l'analyse, on peut avoir l'impression que l'esclavage contribue à « figer » les sociétés où il se développe, que celles-ci nous semblent aujourd'hui « progressistes » comme l'Athènes du ve siècle avant J.-C. ou « conservatrices », comme le monde des planteurs américains.

On distingue parfois des sociétés « à esclaves » (c'est-à-dire des sociétés où l'on peut noter la présence d'esclaves) et des sociétés « esclavagistes » (où les esclaves jouent un rôle important). Le problème est que les chercheurs ne sont ni d'accord ni vraiment précis quant à la question du seuil qui permettrait de passer de l'une à l'autre.

Pour certains, il serait quantitatif. On aurait ainsi affaire à une société esclavagiste lorsque les esclaves seraient nombreux. Mais quelle proportion ou pourcentage retenir ? On ne le sait guère. Pour d'autres, on passerait au stade de la société esclavagiste lorsque l'esclavage y jouerait un rôle économique « majeur », « dominant » ou « prédominant », mais sans vraiment préciser ce que l'on entend par ces différents termes.

Aussi devrait-on, me semble t-il, faire appel à d'autres facteurs (en dehors du nombre et de l'économie) si l'on souhaite conserver la distinction entre ces deux types de sociétés. Je pense notamment à la dimension culturelle et politique. Car dans une société vraiment esclavagiste, comme celle du Vieux Sud des Etats-Unis d'avant 1865, l'esclavage n'est pas seulement un fait social ou un moyen de production. C'est aussi une façon de concevoir le monde et une manière de penser.

Partout, des formes de régulation

Cela dit, société à esclaves ou bien société esclavagiste, il y a toujours une mobilité interne. Principalement par l'affranchissement, c'est-à-dire la possibilité dont dispose un « maître » de faire de son ex-esclave un homme libre. Cette possibilité existe partout. Mais elle est toujours limitée et compensée, de manière à ne pas mettre en péril les systèmes qui s'appuient sur l'esclavage.

Dans la Rome républicaine, l'affranchissement et la naturalisation pouvaient être relativement importants. Ils pouvaient même jouer un rôle compensateur dans un contexte où la part des hommes libres dans la population d'adultes mâles était en diminution. Mais cela n'avait pas de conséquences politiques aussi grandes que dans la Grèce ancienne, car les affranchis ne devenaient pas automatiquement citoyens à part entière. Ajoutons que le statut d'homme libre était surtout accordé aux esclaves exerçant en milieu urbain, comme les artisans et commerçants. Puis venait la catégorie des *familiae urbanae*, c'est-à-dire des domestiques. Les esclaves ruraux, qui composaient sans doute l'immense majorité des esclaves, étaient beaucoup plus rarement affranchis. On en conclura que ces affranchissements, utiles pour Rome, concernaient principalement les catégories d'esclaves les plus facilement assimilables, du fait d'une intégration économique et sociale déjà amorcée.

On retrouve cet équilibre entre facteurs « libéraux » et « contraignants » dans l'Amérique coloniale moderne. Ici, les affranchissements semblent en effet avoir été plus nombreux dans les possessions espagnoles. Mais ils étaient suivis par une période de dépendance relativement longue. Inversement, dans le Vieux Sud du XIXe siècle, les affranchis pouvaient jouir d'une relative et immédiate autonomie vis-à-vis de leurs anciens maîtres, mais les affranchissements n'étaient pas nombreux et les affranchis demeuraient généralement pauvres et marginalisés.

Dans l'Amérique coloniale, et sans doute davantage encore dans le monde antique grécoromain, les femmes semblent avoir été plus fréquemment affranchies que les hommes. Ce n'est sans doute pas un hasard si l'on considère qu'elles demeuraient généralement ensuite plus dépendantes que les hommes. Bref, leur libération était moins dangereuse, pour le système esclavagiste, que celle des hommes.

Au total, la mobilité interne à la société esclavagiste, par le biais de l'affranchissement, ne la remet jamais vraiment en cause. Au contraire, elle apparaît comme un moyen de la réguler, et d'assurer ainsi sa pérennité. On voit ainsi que l'esclavage ne correspond pas seulement à une forme d'exploitation. Il renvoie aussi à une forme de contrôle social.

L'esclavage antique était-il important ?

Nos connaissances sur la préhistoire ne nous permettant pas de savoir grand-chose (hormis la question, discutée, des morts d'accompagnement dont nous avons parlé), commençons notre périple historique par l'Antiquité (entre environ 3000 av. J.-C. et 476 apr. J.-C.).

L'esclavage chez les peuples anciens

C'est à l'extrême fin du quatrième millénaire avant notre ère qu'apparaissent les premières cités-Etats du Croissant fertile, comme celle d'Uruk qui nous a livré un curieux sceau sous forme de cylindre. On peut y voir des hommes nus aux mains liées rampant aux pieds d'une sorte de roi-prêtre. S'agit-il de simples prisonniers ou bien d'esclaves ? Difficile de le savoir. Daté de 3200 ans avant J.-C., et aujourd'hui visible au British Museum, ce document est apparenté à la civilisation dite sumérienne qui vit différentes périodes (guerres, unifications...) se succéder au cours de nombreux siècles.

On sait qu'elle connaissait l'esclavage. Une tablette d'argile du musée du Louvre (datée de vers – 2600) conserve le souvenir de la vente d'une maison accompagnée de celle d'un esclave. Environ mille ans plus tard était édicté le fameux « code » d'Hammourabi dont nous avons déjà parlé. Les esclaves, qui coexistaient avec des dépendants et des salariés libres, étaient achetés et vendus comme des marchandises. Ils pouvaient être fouettés et marqués au fer rouge, mais aussi parfois commercer, emprunter de l'argent, et ainsi se racheter.

Avant les découvertes de Champollion (1790-1832), qui permirent de comprendre le sens des hiéroglyphes et les travaux qui s'ensuivirent, on pouvait imaginer que les grandes pyramides de l'Egypte pharaonique avaient été élevées par des armées d'esclaves. On pense aujourd'hui que l'esclavage y a peut-être existé aux IVe et IIIe millénaires avant J.-C., lors de l'élaboration de l'Etat pharaonique, du fait de la présence de morts d'accompagnement dans les tombeaux des dirigeants de la première dynastie. Mais tout semble conduire à l'idée que l'esclavage ne joua ensuite qu'un rôle mineur dans l'économie et la société égyptiennes.

Les grands travaux pharaoniques furent exécutés par les masses de paysans dépendants soumis à la corvée, ainsi que par des ouvriers salariés : il semble même que certains de ces derniers aient pu faire grève ! Un principe de vie et de justice (« maât ») empêchait en effet l'utilisation illimitée du travail d'autres hommes. De son côté, le pharaon, détenteur d'un pouvoir absolu, ne pouvait tolérer que de simples hommes puissent en posséder d'autres, rognant ainsi sur sa propre toute-puissance.

Les guerres, notamment à partir du Nouvel Empire (env. 1552-1070 av. J.-C.), conduisirent cependant à l'arrivée de prisonniers – notamment des Noirs venus de Nubie et du Darfour, dans l'actuel Soudan, ou de Somalie. Transformés en esclaves, ils appartenaient au pharaon, aux grands et aux temples, pouvaient faire l'objet de contrats de vente, d'achat et de location, devenant ainsi les éléments d'un commerce entre personnes privées. On en trouvait un peu partout, dans l'armée ou la domesticité.

Mais ils paraissent avoir été peu nombreux. Au bout d'un certain temps, une partie de ces esclaves était insérée dans le vaste univers des « dépendants », au sein duquel l'esclavage égyptien semble s'être plus ou moins dilué. Selon un papyrus fiscal du règne de Ramsès V (« le papyrus Wilbour »), les hémou, que l'on qualifiait autrefois d'esclaves, payaient en effet l'impôt. Ce qui montre qu'ils étaient en partie intégrés à la société.

Les esclaves étaient également présents chez les Hébreux, et donc dans la Bible. On y distingue esclaves étrangers et esclaves hébreux. Les premiers peuvent être capturés à la guerre ou de multiples manières. Des Hébreux ne peuvent être enlevés par d'autres Hébreux. Chez eux, l'asservissement apparaît soit comme un acte volontaire (lorsque l'on se vend en raison d'un endettement ou d'une disette, ou lorsqu'un père vend sa fille comme esclave concubine), soit comme une sanction. Les malfaiteurs sont ainsi vendus s'ils ne peuvent réparer les préjudices dont ils sont responsables.

Autre distinction entre esclaves « internes » et « externes » : les seconds peuvent demeurer esclaves à vie alors que les premiers doivent théoriquement être libérés au bout de sept ans, en souvenir du fait que les Hébreux avaient été « asservis » par le pharaon. Mais on indique que certains peuvent alors choisir (?) de demeurer esclaves. On leur perce alors l'oreille, signe d'un désormais impossible retour vers la liberté. De plus, si une femme a été offerte à un esclave par son maître, celle-ci et ses enfants demeurent sa propriété après l'affranchissement du mari. Quelle que soit leur origine, tous les esclaves font partie des possessions, peuvent être offerts, légués, et attachés à divers travaux. Les textes indiquent des limites aux mauvais traitements, et la punition d'un maître ayant entraîné la mort de son esclave. Mais il est difficile de savoir si ces textes ont toujours été respectés.

On peut même en douter, du moins pour les époques ultérieures, rabbinique et romaine, comme l'indique le Talmud, recueil des commentaires juifs de la loi de Moïse ou Torah. On y lit aussi que la libération des esclaves hébreux au bout de sept ans n'est pas toujours respectée. Il est précisé que la possession des esclaves doit être en quelque sorte officialisée par un contrat et un échange d'argent, mais que le simple emploi d'un esclave trois ans durant suffit à en légitimer la propriété. L'esclavage de fait prend donc le pas sur les règles établies, ainsi que sur la religion. La circoncision et l'immersion des esclaves non juifs ne conduit en effet nullement à leur libération, pas plus que leur conversion, même lorsqu'elle apparaît volontaire.

Une incursion chez les autres peuples du Moyen-Orient antique, comme les Phéniciens, confirmerait la présence d'esclaves. Elle est également attestée dans diverses régions de l'Asie de la même époque : dans la civilisation indienne (notamment la vallée de l'Indus, actuellement au Pakistan) du IIIe millénaire avant J.-C., sans doute dans la Chine archaïque (du IIe millénaire à environ 220 av. J.-C.), dans les régions du Siam, du Cambodge et du Japon.

Esclavage et démocratie dans la Grèce des cités

La civilisation crétoise demeure encore mal connue. C'est aussi le cas du monde mycénien (XVe-XIIIe siècle av. J.-C.). Mais la présence d'esclaves y est attestée. La société peinte par Homère (IXe siècle av. J.-C.) dans l'*Iliade* et l'*Odyssée* correspond à la première phase de la période dite archaïque (xᵉ-viiiᵉ siècle av. J.-C.). Elle nous permet de découvrir la figure de nombre d'esclaves objets de transactions : des femmes arrachées de force à leur communauté d'origine, des hommes pris à la guerre ou par fait de piraterie, comme Eumée, fils du roi de Syros, enlevé par des marchands phéniciens. Même utilisés comme des « domestiques », ces esclaves proviennent donc à l'origine de communautés différentes de celles de leurs maîtres. Ils sont des « étrangers ».

Lors des différentes phases de peuplement de la Grèce par les Doriens, peuples venus du Nord, certaines communautés « indigènes » furent dans leur totalité réduites à l'état de dépendance. Quelques-unes y demeurèrent pendant des siècles, comme les fameux ilotes que la fière cité guerrière de Sparte maintenait dans la terreur. Certains Grecs anciens les assimilaient à des esclaves. La comparaison avec les serfs du Moyen Age est un peu anachronique. Mais on pense généralement aujourd'hui qu'ils étaient plutôt des dépendants. Ils étaient originaires du territoire sur lequel ils vivaient et appartenaient à une communauté. C'est à ce titre, et non en tant qu'individus, qu'ils étaient soumis.

C'est entre le viiiᵉ et le viᵉ siècle av. J.-C. que l'esclavage commence à se développer de manière originale dans le monde grec, au moment où l'on entre dans la période dite classique de son histoire (viᵉ-ivᵉ siècle av. J.-C.). Il ne faut pas y voir un processus évolutif avec une série d'étapes précises. Mais plutôt la conséquence de l'apparition de conditions facilitant l'essor de l'esclavage : la « faim de terre » née de son accaparement par les plus riches ; l'essor des échanges ; la transformation, dans certaines cités, du « peuple » (*démos* en grec) en communauté civique.

Prenons l'exemple le plus célèbre. Celui d'Athènes, la grande rivale de Sparte, où l'esclavage pour dettes semble avoir été assez répandu. Du moins jusqu'à l'arrivée du législateur Solon (640-558 av. J.-C.). A l'origine de nouvelles règles appelées « remise du fardeau » (vers 594-593), il mit un terme à la contrainte de corps pour dettes dont les Eupatrides, de grands propriétaires nobles, tiraient parti. Favorisant les petits et moyens propriétaires fonciers, il s'occupa également du commerce, faisant battre une monnaie d'argent. Il justifia aussi les expéditions étrangères « pour le butin », en particulier la capture d'esclaves. Et, surtout, il permit à tous les citoyens, même les plus pauvres, de participer à la vie politique de la cité.

Ces grandes réformes furent à l'origine de la démocratie athénienne. Elles permettaient de limiter les tensions internes devenues très fortes à la suite de l'accaparement des terres par les nobles, de prendre en compte les revendications des commerçants et artisans, de souder l'ensemble des citoyens, et de renforcer la puissance militaire d'Athènes. Si tous les citoyens pouvaient en effet participer à la vie politique, tous devaient également servir la cité en temps de guerre. Et c'est l'infanterie des fameux hoplites, composée de citoyens moins aisés que les cavaliers nobles, qui fit la force d'Athènes, avec ses marins.

C'est à peu près au moment où Athènes « inventait » ainsi la démocratie qu'elle se mit à faire venir de plus en plus d'esclaves de l'extérieur. Prisonniers de guerre, achetés à des marchands ou bien directement razziés, ils devinrent rapidement partout présents, à la ville comme à la campagne. On pourrait être surpris de ce paradoxe : celui d'une cité qui devint de plus en plus esclavagiste au fur et à mesure qu'elle se démocratisait. Mais un grand historien du monde grec, Moses Finley, a montré qu'il n'y avait là aucun paradoxe. C'est en partie parce que l'esclavage « interne » avait été en quelque sorte aboli que l'esclavage externe se développa si fortement. Il permettait aussi aux citoyens de se décharger de certaines occupations et de se consacrer plus intensément aux affaires de la cité. Bref, à Athènes esclavage et démocratie marchèrent ensemble.

La citoyenneté était réservée à un petit nombre de personnes, toutes des hommes libres d'au moins vingt ans. Les autres (femmes ou jeunes hommes) n'étaient que des citoyens de second rang, des étrangers auxquels on permettait de s'établir dans la cité, et des esclaves, encore plus nombreux. Les riches n'étaient pas les seuls à en posséder. La couche moyenne, celle qui assurait l'assise de la démocratie, disposait également d'esclaves. Objet de transaction, l'esclave apparaît comme l'opposé du citoyen libre.

Les esclaves n'étaient ni les seuls producteurs ni les plus nombreux parmi eux. Mais ils étaient présents dans tous les secteurs de la vie économique, offrant ainsi une grande souplesse d'utilisation, de la domesticité jusqu'aux hommes loués pour l'exploitation des mines d'argent du mont Laurion, traités comme des animaux : peut-être 35 000 aux alentours de 340 avant J.-C. Des querelles de chiffres divisent les historiens quant au nombre total d'esclaves à Athènes. Certains parlent de 150 000, d'autres de 400 000, chiffres avancés aussi pour Corinthe et Egine. Ce qui est sûr, c'est que l'on a sans doute longtemps sous-estimé le nombre d'esclaves dans les cites grecques.

A Athènes, certains, véritables exceptions, devinrent de grands banquiers. C'est le cas du fameux Pasion. Esclave de deux banquiers, affranchi par eux et ayant hérité de la banque de ses anciens « maîtres », il aurait réussi à la faire fructifier suffisamment pour pouvoir aider financièrement sa cité à la fin d'une longue guerre contre la ville de Sparte. Aussi obtint-il la citoyenneté athénienne, pour lui et ses fils. Des fils auxquels il légua ses biens, tout en confiant la gestion de sa banque à Phormion, son ancien esclave, qu'il avait affranchi et auquel il donna sa femme pour épouse. On dit aussi qu'Esope, le fameux fabuliste (dont on conteste parfois l'existence), aurait été un esclave. Véritable force de la nature, mais accablé de difformités physiques, on le décrit comme habité par une rare « beauté intérieure » et doté par les dieux « de la faculté d'imaginer et de composer des fables ».

Si la guerre demeura une grande pourvoyeuse d'esclaves, l'esclavage se renforça surtout par l'extension de la traite, c'est-à-dire le commerce des hommes. Elle permettait en effet un approvisionnement plus régulier. L'île de Délos aurait été le théâtre d'un immense marché d'esclaves. Strabon (v. 58 av. J.-C.-20-25 apr. J.-C.) nous dit que près de 10 000 pouvaient y être vendus en une journée. Des travaux récents tendent à en limiter l'importance, mais des marchés, petits ou grands, existaient en de nombreux lieux.

L'esclave était considéré comme un bien possédé, parfois décrit comme un « être à pieds humains » (*andrapodon*), à la fois distinct et proche des animaux. Pour les Anciens, et notamment pour les Grecs, la frontière entre l'animal et l'homme n'était en effet pas aussi nettement tranchée que pour nous, du fait de l'idée selon laquelle l'ensemble des êtres vivants, des plantes aux hommes, étaient unis dans une même chaîne. Dans les fameuses *Métamorphoses* de l'auteur latin Apulée (125-180 de notre ère), un jeune homme, beau et riche, se voit ainsi subitement transformé en âne, avant d'être conduit au marché où il est acheté pour servir d'esclave.

A Athènes, l'esclave se définissait par une série de manques et d'interdits : pas de nom autre que celui donné par son « maître », pas de mariage et de personnalité juridique. Il pouvait cependant assister à certaines pratiques culturelles. L'affranchissement est partout attesté, y compris dans l'île de Chios réputée pour avoir accueilli les premiers esclaves acquis à l'extérieur à prix d'argent. Mais il semble qu'avec le temps les affranchissements sous conditions se soient renforcés, ainsi que le prix à payer pour un affranchissement sans conditions. La pratique en ce domaine tendait donc à être assez restrictive.

C'est pour toutes ces raisons que des historiens n'hésitent pas à ranger Athènes (à partir du ve siècle av. J.-C.), parmi les sociétés esclavagistes.

Esclavage et citoyenneté dans l'Empire romain

Ce qui vient d'être dit permettra d'aller plus vite à propos de l'esclavage à Rome, en insistant sur ses aspects plus spécifiques par rapport au monde grec. J'en distinguerai quatre.

Le premier est que l'on change d'échelle, que l'on quitte le monde des cités pour celui d'un empire qui s'est étendu de part et d'autre de la Méditerranée. Les derniers siècles de la République et surtout l'Empire, avec ses guerres incessantes, virent Rome réduire des populations entières en esclavage. A l'apogée de l'Empire, la seule Italie aurait ainsi abrité deux à trois millions d'esclaves, soit 35 à 40 % de sa population totale. On atteignit ainsi un nombre et une concentration d'esclaves jusque-là inconnus. Sans oublier une très forte diversité d'origines, puisqu'ils venaient pratiquement de toutes les régions du monde alors connu.

Deuxième caractère, Rome développa certaines formes d'utilisation de l'esclave initiées dans le monde grec : esclaves et affranchis dans l'administration, ou bien encore esclaves « capables » ou « à talents », c'est-à-dire en situation de gérer les activités ou les biens de leurs maîtres. Rome a su aussi innover en utilisant des esclaves pour les jeux du cirque ou bien en les concentrant en Italie sur de très grandes exploitations agricoles, les latifundia. Tant et si bien que, concurrencée par le travail servile, la catégorie des paysans libres d'Italie déclina rapidement ; ils furent de ce fait poussés vers les villes ou bien vers l'armée.

Troisième caractéristique, les Romains usèrent plus de l'affranchissement que les Grecs. Il faut cependant remarquer que l'accès à la *civitas romana*, c'est-à-dire à la citoyenneté romaine, ne donnait droit qu'à fort peu de pouvoirs politiques, alors que dans le monde grec l'accès à la citoyenneté impliquait la participation aux pouvoirs délibératifs, ainsi que de nombreux avantages économiques. Ce n'est donc pas forcément parce qu'ils étaient plus ouverts ou tolérants que les Grecs que les Romains affranchirent plus souvent leurs esclaves. C'est parce que l'Empire, immense, ne pouvait subsister sans le concours de non-Italiens et que l'affranchissement, avec ses conséquences politiques et économiques limitées, ne remettait nullement en cause le maintien du système esclavagiste.

Quatrième et dernier élément de comparaison : à Rome, l'opinion publique semble avoir évolué avec le temps. Attention : jamais il ne vint à l'esprit d'un Romain le fait que l'esclavage puisse être aboli un jour. On ne peut pas non plus parler d'un « adoucissement » du sort des esclaves, car ils ont toujours continué, comme par le passé, à être plus ou moins bien traités selon le « maître », le lieu, la fonction à accomplir, etc.

Mais la cruauté sans raison semble être devenue de moins en moins acceptée par l'opinion. Un exemple en est souvent cité. Il s'agit de l'assassinat du préfet de la Ville par l'un de ses quatre cents esclaves. Nous sommes au temps de Néron (54-68 apr. J.-C.). Les sénateurs décident alors d'appliquer une loi ancienne, devenue archaïque, stipulant qu'en un tel cas tous les esclaves du « maître » assassiné doivent être mis à mort. La foule romaine protestant, il fallut faire appel à la troupe pour procéder aux exécutions.

On a longtemps voulu expliquer cette apparente évolution des mœurs par les progrès du christianisme. Idée sur laquelle on insiste désormais beaucoup moins. Car, comme toujours, plusieurs facteurs ont sans doute joué ensemble.

Le ralentissement des conquêtes limita l'arrivée de nouveaux esclaves. Cela fut en partie compensé par l'acceptation (réglementée) de mises en servitude volontaires, et par une politique plus favorable aux naissances d'esclaves. Mais une partie plus importante qu'avant de la population servile fut donc ainsi constituée de personnes moins « étrangères » que les autres. Et l'on peut penser que cela a pu influencer l'opinion à leur égard ; une « opinion » par ailleurs en partie composée d'anciens affranchis.

Il faut aussi savoir que les empereurs ont essayé de s'immiscer dans les relations maîtres/esclaves afin de renforcer leur autorité. Auguste, le premier des empereurs, limita ainsi le droit de vie et de mort des « maîtres » sur leurs esclaves. Enfin, les penseurs stoïciens affirmaient l'unité du genre humain. Sans dénoncer l'institution esclavagiste, ils prônaient un « bon usage » de l'esclave.

Y a-t-il eu déclin de l'esclavage à l'époque médiévale ?

On a longtemps cru que l'esclavage avait lentement décliné, à la fin de l'Empire romain, comme si s'éteignant doucement, de sa « belle mort », le système esclavagiste avait disparu en quelque sorte presque « naturellement », afin d'être « remplacé » par le servage du Moyen Age.

On sait aujourd'hui que l'esclavage antique n'a pas disparu totalement, qu'il s'est transformé, et même développé pendant une grande partie du Moyen Age. On sait aussi que l'on ne peut pas parler de « remplacement » de l'esclavage par le servage. D'une part parce que les serfs du Moyen Age n'étaient pas des esclaves. D'autre part parce qu'il y eut un décalage chronologique important entre la fin de l'Empire romain d'Occident (476 apr. J.-C.) et la véritable apparition du servage, au XIe siècle. Angleterre exceptée, le servage commença d'ailleurs à perdre en importance dès le XIIIe siècle. Et il ne résista guère, en Europe occidentale, aux crises de la fin du Moyen Age (guerres, famines, épidémies). Son histoire apparaît donc beaucoup plus courte que celle de l'esclavage. Mais voyons tout cela d'un peu plus près.

La question de la « fin » de l'esclavage antique

A l'époque où l'on parlait de la « fin » ou du « déclin » de l'esclavage antique, on imaginait que ce phénomène était explicable par le christianisme et par l'humanisation à laquelle il aurait peu à peu conduit. On sait que la religion chrétienne devint en 313, avec Constantin, la religion officielle (mais non pas exclusive) de l'Empire romain. Mais c'est oublier que si saint Paul demandait à la fois aux esclaves d'obéir à leur « maître » et à ceux-ci de bien traiter les premiers, saint Augustin agit dans un tout autre sens. C'est en effet lui qui fut à l'origine, au IVe siècle, d'une doctrine promise à un bel avenir. Elle faisait de l'esclavage la sanction des péchés des hommes et permettait ainsi de le justifier. L'Eglise était également grande propriétaire d'esclaves. Et si elle favorisait l'affranchissement chez les laïcs, elle s'en interdisait à elle-même la pratique.

Tentant d'expliquer le recul (mais non la « fin ») de l'esclavage, la plupart des auteurs soulignent aujourd'hui la diversité des évolutions, dans le temps comme dans l'espace. Ils mettent en avant une pluralité de facteurs.

Dans un premier temps, tout en légitimant l'esclavage, l'Eglise tendit à lutter contre l'asservissement par capture de « vrais » chrétiens (c'est-à-dire non orthodoxes...). Puis, autour de l'an mille, le progrès technique (énergie hydraulique avec les moulins, énergie animale avec de meilleures méthodes d'attelage) rendit moins nécessaire le recours à l'esclavage. On observa également un début de croissance économique (manifeste au cours des XIe et XIIIe siècles), avec des défrichements. La main-d'œuvre devint plus mobile et plus recherchée. Il fallut, pour se la concilier, lui concéder certains avantages. Enfin, avec la disparition de l'Empire, mais aussi de l'Etat, au profit de petites seigneuries, il devint moins facile de contrôler des masses d'esclaves. Ces derniers, par ailleurs, profitèrent parfois des troubles politiques pour se révolter ou s'enfuir.

Tout cela montre qu'il n'y eut rien de « naturel » dans la disparition présumée de l'esclavage antique. L'idée même de son lent « déclin » est aujourd'hui dépassée. L'Empire romain tardif n'est en effet plus considéré comme ayant été « déclinant », mais comme une période de profondes mutations, sociales, économiques et politiques. Le tout ayant conduit à un développement des rapports de « dépendance » (avec l'apparition du « colonat » qui fixait un paysan sur sa terre), lesquels se sont parfois substitués à l'esclavage. Transformations et évolutions, voilà qui cadre également avec ce que l'on sait de l'histoire de l'esclavage médiéval.

Les visages de l'esclavage médiéval

A cette époque, trois grands ensembles politiques s'organisent autour de la Méditerranée. A l'ouest, l'Empire romain fut remplacé par les royaumes barbares, lesquels donnèrent naissance aux « pays latins » et à l'Europe chrétienne. A l'est et au sud, l'Empire byzantin, chrétien mais orthodoxe, prit la relève de l'Empire romain d'Orient. Au sud, se déployait le vaste monde musulman. Dans chacun de ces trois ensembles, l'esclavage prit des visages différents.

A l'ouest, au lieu de régresser, l'esclavage connut d'abord une nouvelle vigueur avec les royaumes barbares qui étaient foncièrement esclavagistes. A tel point que, selon l'historien médiéviste Pierre Bonnassie, les VIe et VIIe siècles furent peut-être ceux de l'apogée de l'esclavage en Europe. Les lois rédigées alors rangeaient les esclaves parmi le cheptel et établissaient le « prix de l'homme » (*wergeld*). Elles interdisaient toute union entre esclaves et hommes libres. Aux esclaves ruraux, de loin les plus nombreux, s'ajoutaient des esclaves spécialisés : gardes, porchers, veneurs, meuniers, orfèvres, forgerons, domestiques, serviteurs des palais royaux.

Il s'agissait de personnes nées en esclavage mais aussi de nouveaux asservis. Omniprésente, la guerre était alors largement conçue comme une entreprise de razzia et de chasse à l'homme. A cela s'ajoutaient les sentences judiciaires, les famines, les rapts et ventes d'enfants. La constitution de l'Empire carolingien, avec Charlemagne (qui régna de 768 à 814), donna une nouvelle impulsion à l'esclavage.

A cette époque, les esclaves transitaient généralement des pays « pauvres » (moins peuplés, moins développés économiquement) vers les pays plus « riches ». C'est-à-dire, en fait, d'Europe et d'Afrique noire vers le monde musulman et l'Empire byzantin qui étaient alors en avance sur leurs voisins. La demande et les marchés d'esclaves se situaient ainsi surtout dans le sud et à l'est de la Méditerranée. Contre des hommes, les marchands européens recevaient des monnaies d'or arabes et byzantines. Ce qui, on l'ignore généralement, contribua au renouveau économique de l'Empire carolingien.

Ce n'est qu'environ deux siècles plus tard, vers l'an mille, que l'esclavage commença à régresser dans certaines régions d'Europe. Plusieurs sortes de systèmes de dépendance y coexistaient alors, avec des esclaves, des hommes libres et demi-libres... Si bien qu'il devient difficile, dans les documents d'époque, de retrouver la trace d'esclaves, du moins dans les régions situées plus au nord, là où la frontière entre le libre et l'esclave devint plus floue, alors qu'elle demeura très nette dans l'Empire byzantin et le monde musulman.

L'esclavage persista en effet jusqu'à la fin de l'époque médiévale dans les régions de l'Europe méditerranéenne. A l'ouest (c'est-à-dire dans la péninsule Ibérique, au sud de la France et en Italie), il s'agissait parfois d'un esclavage « domestique » et artisanal lié à l'essor commercial (notamment en Italie), mais pas seulement (Espagne et Portugal).

Plus à l'est, c'est-à-dire dans l'Empire byzantin, l'esclavage de type romain survécut jusqu'à la fin. On retrouvait donc des esclaves dans tous les secteurs de la vie économique et sociale, jusqu'aux eunuques de la cour impériale. Un écrivain latin du IVe siècle, C. Claudianus, nous raconte ainsi qu'un eunuque d'origine arménienne du nom d'Eutropius passa entre différents maîtres, qui abusèrent sexuellement de lui, avant d'être offert à la Cour où il devint chambellan de l'empereur Arcadius.

Les eunuques étaient également recherchés dans le monde musulman. Mais l'agriculture, l'artisanat, le secteur de la construction et l'administration étaient aussi peuplés d'esclaves. L'esclavage « domestique » y était également répandu. Et, contrairement au monde européen et byzantin, les esclaves y devenaient parfois soldats. Ce fut le cas des fameux mamelouks.

Comme on l'a souligné, ces trois entités (catholique, orthodoxe et musulmane) étaient en relations, à la fois lors des guerres et par le commerce. Sans compter les nombreux échanges culturels. De véritables réseaux d'importation de captifs alimentèrent donc l'ensemble des régions méditerranéennes. Et la religion y joua un rôle de plus en plus important. Tout simplement parce que chacun prit l'habitude de ne pas réduire en esclavage ses coreligionnaires. Les catholiques se fournirent en esclaves chez les « slaves » d'Europe de l'Est, qui étaient « orthodoxes » (depuis le schisme de 1054), et chez les musulmans. Ces derniers asservissaient des « infidèles ».

Les victimes de cet esclavage furent donc surtout des musulmans, des juifs et des chrétiens orthodoxes, « slaves », grecs et bulgares. Aux XIIe et XIIIe siècles, condamnés et pourchassés par l'Eglise d'Orient elle-même, capturés et vendus aux Italiens, les Bulgares sont nombreux sur les marchés d'Occident, y formant une part non négligeable de la population servile, L'esclavage des Grecs, hommes et femmes, fut aussi très largement répandu.

Aux importations réglées s'ajoutaient les captures occasionnelles des chasseurs et marchands d'esclaves catalans, génois ou vénitiens, soit lors d'opérations militaires, soit du fait de la piraterie. Même les régions soumises continuèrent à être ponctionnées, sous prétexte que tout « hérétique » pouvait faire un bon esclave. Parfois, Italiens, Castillans et Catalans achetaient même des esclaves aux Turcs, leurs ennemis. Pendant trois siècles, Espagnols et Italiens furent ainsi impliqués dans un trafic d'esclaves sur une grande échelle. Comme chacun, catholique, orthodoxe ou musulman, tentait de racheter les siens, des accords officiels furent conclus entre Byzantins et Arabes.

De l'esclavage médiéval à l'esclavage colonial

Au total, il y eut donc au Moyen Age à la fois persistance et réactivation de réseaux esclavagistes (dans certaines régions de la Méditerranée, comme en Sicile, l'esclavage a même parfois perduré jusque vers la fin du XIXe siècle). Ce qui soulève une question malheureusement trop peu étudiée : celle des rapports, voire d'un possible

« transfert » de méthodes ou d'habitudes relatives à l'esclavage, entre la Méditerranée médiévale et l'Amérique coloniale moderne.

Certains faits sont troublants, comme le rôle de marchands italiens insérés dans les circuits ibériques aux débuts de l'utilisation d'esclaves africains noirs, à partir du moment où la reconquête de Constantinople par les Turcs réduisit l'accès au marché des esclaves « slaves ».

Trois exemples. En 1460, Antonio di Noli, capitaine génois, obtient du roi du Portugal l'autorisation d'introduire des esclaves noirs dans les îles du Cap-Vert, pour la culture de la canne à sucre. Entre 1489 et 1497, un Florentin, Cesare de Barchi, vend à Valence plus de 2 000 esclaves noirs. Après la chute de Constantinople, un Bartolomeo Marchionni quitte Florence pour s'établir à Lisbonne. Il investit dans des plantations de sucre de Madère et obtient, lui aussi, l'autorisation du roi du Portugal de pratiquer la traite.

On ajoutera que, dans l'Amérique ibérique, la réduction en esclavage des Amérindiens se fit très rapidement, alors que les puissances de l'Europe du Nord-Ouest (France, Provinces-Unies, Angleterre), entrées plus tardivement dans la compétition coloniale, eurent d'abord recours à un système d'engagés blancs sous contrat avant de passer à la phase de l'esclavage africain. Cela peut s'expliquer par différentes raisons. Mais il n'est pas exclu que des habitudes contractées antérieurement aient pu jouer un rôle non négligeable. Du fait de leur expérience médiévale, les Portugais et les Espagnols auraient ainsi directement appliqué aux Amériques leur pratique de l'esclavage, sans passer par une phase intermédiaire.

Tout cela permet de nuancer doublement l'idée d'une disparition progressive de l'esclavage antique. D'une part, son déclin n'a rien eu de spontané ni de régulier. D'autre part, il n'a pas été total et définitif, facilitant ainsi la transition vers l'esclavage du temps de l'Amérique coloniale.

Quels étaient les grands systèmes esclavagistes à l'époque moderne ?

A l'époque moderne (1492-1789), le système esclavagiste américain s'insère dans un ensemble plus vaste. On pourrait l'appeler « occidental », afin de prendre en compte l'ensemble des territoires alors tenus par les Européens, lesquels englobaient aussi des îles de l'océan Indien. Un autre système, que nous appellerons ici « oriental », correspondait au vaste monde musulman, c'est-à-dire à l'Afrique du Nord, au Moyen-Orient, à une partie de l'Asie et de l'Afrique subsaharienne.

D'autres systèmes autonomes étaient en relations avec ces deux grands ensembles. C'était le cas du système africain noir doté d'une histoire propre, mais influencé par l'esclavage oriental – au nord et à l'est – et par l'esclavage occidental. C'était aussi le cas du système méditerranéen issu de l'Europe médiévale. Sans oublier les différents systèmes asiatiques, en Inde, en Chine ou encore au Japon, apparemment moins influencés par l'extérieur, du moins en ce qui concerne les deux derniers pays cités. Autant d'histoires propres et à la fois souvent emmêlées, dont l'étude détaillée excéderait le cadre de cet ouvrage.

DÉBAT »

L'esclavage en Asie

En Europe, les formes d'esclavage dites « internes » déclinèrent dès l'Antiquité, au profit d'un esclavage alimenté par des personnes venues de communautés extérieures. Par ailleurs, si l'Etat tenta souvent de contrôler les maîtres, ceux-ci disposèrent souvent de fait d'une très large autorité sur leurs esclaves.

L'Asie présente une histoire plus complexe. D'une part parce que des formes « internes » (esclavage pour dettes et esclavage pénal) coexistèrent longtemps avec des formes externes, les premières l'emportant de temps à autre largement sur les secondes. D'autre part parce que l'Etat intervint parfois fortement. Enfin, parce que les va-et-vient entre véritables esclaves et autres dépendants furent aussi possibles.

Le cas de l'Inde permet d'illustrer cette dernière situation. Entre le IXe et le IIe siècle avant J.-C., l'esclavage se développa, avec la mise en valeur des vallées fertiles et l'essor de la grande propriété. Il régressa durant le haut Moyen Age, les esclaves s'intégrant alors parmi les dépendants appartenant aux castes inférieures de la société. L'esclavage se renforça de nouveau avec l'installation d'un pouvoir turco-mongol, entre les XIIIe et XVIIIe siècles. Un esclavage spécifique (eunuques, artisans, militaires, etc.), influencé par les nouveaux maîtres du pays, qui déclina avec eux, les esclaves

se dispersant ensuite parmi les multiples groupes de dépendants. Les Anglais luttèrent plus tard contre l'esclavage qui s'était reconstitué, mais en favorisant l'essor de travailleurs sous contrat fortement dépendants de leurs patrons.
L'interventionnisme de l'Etat fut de son côté fortement marqué en Chine. Pour des raisons à la fois fiscales et politiques. Fiscales, car (comme partout dans le monde) les esclaves ne payaient pas d'impôt. Politiques, parce qu'ils servaient en bonne partie à renforcer le pouvoir des grands, et donc à menacer celui de l'empereur. L'Etat légiféra et contrôla donc beaucoup, interdisant à un maître de tuer arbitrairement son esclave. Wang Mang tenta même, sans succès, d'interdire l'achat et la vente des esclaves (9 apr. J-C.)

L'ESCLAVAGE NON COLONIAL (PÉRIODE DE RÉFÉRENCE : XVIIIe SIÈCLE)

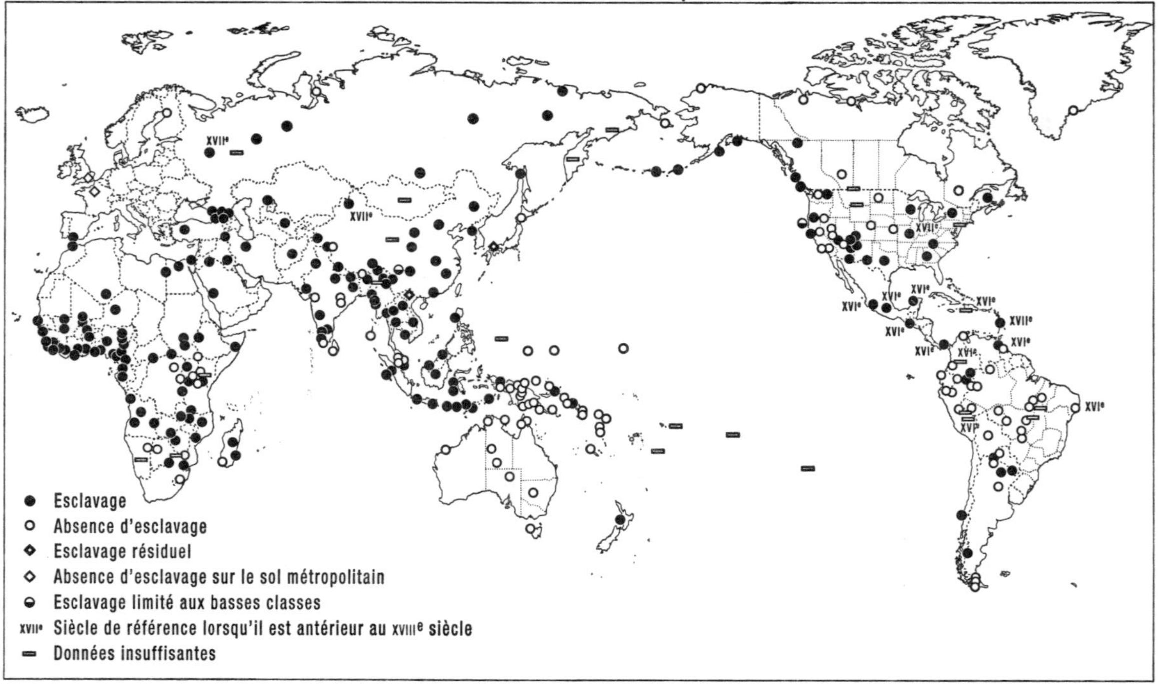

D'après Alain Testart, *L'Esclave, la dette et le pouvoir*, Errance, Paris, 2001.

L'Amérique coloniale

Le système de loin le plus connu est celui des Amériques. On sait que l'esclavage y fut tout de suite utilisé par les premiers arrivants européens, Colomb en tête. On sait également qu'il se répandit ensuite très largement, touchant d'abord les Amérindiens, avant de concerner presque essentiellement les populations noires déportées d'Afrique par la traite transatlantique. L'esclavage devint ainsi peu à peu, aux Amériques, lié à la couleur.

Ce processus n'était pas donné d'avance et inéluctable. Il s'est peu à peu élaboré, surtout à partir de la seconde moitié du XVIIe siècle. Jusque-là, en effet, le commerce d'esclaves indiens atteignit sans doute, au Brésil, un volume égal à celui de la traite négrière. Des engagés blancs furent également exploités par les colons, au début de la « mise en valeur » des colonies, notamment anglaises et françaises. Puis, après 1660, c'est au tour de la grande plantation de se développer.

D'autres systèmes auraient pu être choisis, comme celui de petites et moyennes exploitations agricoles. Mais divers facteurs, parmi lesquels les choix des colons et l'intérêt de certains négociants de métropole, jouèrent un rôle. La plupart des nations européennes d'alors étaient également favorables à des politiques mercantilistes. Cela veut dire que l'on pensait que leur prospérité devait reposer sur un commerce extérieur excédentaire. Pour ne pas acheter des produits tropicaux à leurs concurrents, les Etats européens poussèrent donc, eux aussi, à la colonisation agricole.

Ces plantations nécessitaient d'importants capitaux et une main-d'œuvre nombreuse. Les engagés qui aspiraient à devenir colons se firent plus rares. Les Amérindiens étaient morts en grand nombre, en bonne partie à cause des maladies transmises par les Européens et des mauvais traitements. Là où ils demeuraient nombreux, les colons préféraient avoir recours à la main-d'œuvre africaine, qui résistait mieux aux maladies et ne pouvait s'enfuir. Espagnols et Portugais utilisaient des esclaves noirs déjà depuis le milieu du XVe siècle. Et leur prix, en Afrique, permettait de rentabiliser leur commerce. Aussi, après 1660, les besoins de la grande plantation ont-ils entraîné l'essor de la traite négrière. C'est à ce moment qu'elle décolle vraiment. Elle connaît son apogée au XVIIIe siècle, décline mais demeure forte jusqu'aux années 1840, avant de disparaître, dans les années 1860. Au total, entre 1450 et 1869, près de 12 millions d'Africains furent ainsi déportés, vers le Portugal, les îles de l'Atlantique et les Amériques.

Durant cette période (vers 1660-1860), l'esclavage aux Amériques se « racialise ». D'une part, parce que l'on prend l'habitude d'y voir essentiellement des esclaves noirs. D'autre part, parce que les sociétés esclavagistes qui se développent alors organisent les relations sociales et de travail très largement en fonction des différences de couleur. Plus on est noir, plus on est cantonné aux opérations les plus simples et les plus dures, tandis que les créoles et les sang-mêlé peuvent avoir accès, au sein de la plantation, à des fonctions d'encadrement.

Lié à la couleur, le préjugé ne s'affaiblit pas avec la sortie de l'esclavage. Même riche et propriétaire d'esclaves, l'homme de couleur libre demeure en effet généralement très mal considéré par les Blancs. Les choses varient d'un espace à un autre, et d'une époque à une autre, mais cela n'induit, au final, que des nuances au sein d'un ensemble ou race et esclavage se conjuguent.

Toutes les Amériques ne sont pas touchées de la même manière par l'univers de la plantation. Au nord du continent, le phénomène concerne la côte Est et surtout le sud des Etats-Unis. Au « centre », les Antilles jouent un rôle majeur. En Amérique du Sud, le Brésil est particulièrement concerné par ce type d'exploitation. Pour le reste, dans la majeure partie de l'Amérique espagnole continentale, l'esclavage est présent, mais la grande plantation ne se développe que de manière mesurée et assez tardive.

Dans le temps, le centre de gravité de cet esclavage évolua également. Il fut d'abord orienté vers les îles de l'Atlantique proches de l'Europe et de l'Afrique (Madère, São Tomé), où furent mises en place les premières plantations occidentales (après celles de la Méditerranée), puis gagna le Brésil (XVe-XVIe siècles). A la fin du XVIIIe siècle ce sont les Antilles qui concentraient le plus d'esclaves (plus de 1 120 000), notamment les îles françaises et anglaises. Vers 1860, Cuba (espagnole) demeurait seule dans les Caraïbes à employer beaucoup d'esclaves, tandis que le Brésil (1 510 000 esclaves) et surtout le Vieux Sud des Etats-Unis (plus de 3 950 000 esclaves), dominaient de loin l'esclavage américain.

La majeure partie de ces esclaves furent employés dans des plantations, petites ou grandes. D'autres furent « domestiques », ou bien, exerçant des professions, étaient loués par leurs « maîtres », lesquels recherchaient ainsi une sorte de rente. Ce qui n'impliquait pas forcément de meilleures conditions de vie. Olaudah Equiano raconte que, dans les années 1760, il avait « la bonne fortune de satisfaire son propriétaire », qualifié de « généreux et plein d'humanité ».

Mais, ajoute t-il, « plusieurs fois j'ai vu » d'autres esclaves « battus pour avoir demandé leur salaire et souvent sévèrement fouettés par leurs propriétaires s'ils ne leur rapportaient pas leur salaire quotidien ou hebdomadaire bien à temps ».

Aux Amériques, la fin de l'esclavage ne signifia d'ailleurs pas celle des discriminations, lesquelles se développèrent même, dans le Vieux Sud, après l'abolition de l'esclavage de 1865. Car les anciens esclavagistes tentaient de maintenir à l'écart leurs anciens esclaves devenus libres. Il fallut attendre la fin des années 1950 et le début des années 1960, avec notamment l'action du pasteur Martin Luther King, pour que les Noirs des Etats-Unis puissent obtenir concrètement l'égalité des droits avec les autres citoyens américains. Cela mit fin à la ségrégation officielle – dans les écoles, les lieux publics, etc. –, mais pas à une certaine ségrégation sociale, toujours d'actualité. Dans les anciennes colonies françaises d'Amérique, l'esclavage fut aboli en 1848. Mais le système colonial y fut maintenu jusqu'au lendemain de la Seconde Guerre mondiale.

D'importantes communautés de couleur sont aujourd'hui présentes aux Amériques. Elles s'expliquent par les flux négriers du passé, et par l'histoire démographique plus récente.

Des environs de 1660 aux débuts du XIXe siècle, on fit en effet toujours venir de plus en plus d'esclaves. Ces esclaves étaient souvent concentrés dans des plantations, petites ou grandes. Et, dès la fin du XVIIIe siècle, nombre de « maîtres » se mirent à encourager les naissances sur place, afin d'éviter d'acheter à l'extérieur des esclaves devenus plus chers. La réunion de ces trois caractères fut spécifique aux Amériques : une arrivée jamais interrompue et toujours plus grande d'esclaves, sur une longue durée ; une relative concentration de ces esclaves dans l'espace ; des politiques d'incitation à la naissance des esclaves qui, même tardives, furent finalement très efficaces (expliquant par exemple la croissance spectaculaire du nombre d'esclaves dans le Vieux Sud, au XIXe siècle, alors que la traite – et donc l'introduction d'esclaves venus de l'extérieur – était interdite aux Etats-Unis depuis 1808). Un quatrième facteur fut aussi important. Une fois l'esclavage aboli, l'endogamie (le mariage entre membres d'un même groupe, ici de couleur) se maintint assez fortement et longtemps. Et les familles de couleur avaient souvent en moyenne plus d'enfants que les familles blanches. Ce qui acheva de favoriser la constitution d'importantes communautés de couleur.

Enfin, des Noirs, souvent esclaves, mais aussi parfois affranchis et libres, furent introduits en Europe. Au XVe siècle, plus de 100 000 vivaient ainsi dans la péninsule Ibérique. Vers le milieu du XVIIIe siècle, ils étaient environ 5 000 en France, 10 000 à 15 000 en Angleterre, quelques milliers aux Pays-Bas, et quelques centaines entre l'Allemagne, la Scandinavie et la Russie. Cette présence suscita quelques mythes, comme celui de Zwarte Piet, l'assistant noir de saint Nicolas, censé, aux Pays-Bas, récompenser les enfants sages et terroriser les méchants.

On sait aussi que, protégé du tsar Pierre le Grand, Abram Hannibal fut l'arrière-grand-père du célèbre écrivain Pouchkine (1799-1837). En France on connaît l'histoire du fameux chevalier de Saint-George, mulâtre de Guadeloupe, dit aussi le « Mozart noir », ainsi que celle d'Alexandre Dumas, l'auteur des *Trois Mousquetaires*, fils d'un général de la Révolution lui-même né des amours entre un marquis et une esclave.

Ces exemples témoignent d'une différence entre les colonies américaines où le racisme était fortement enraciné à l'encontre des populations noires, et les métropoles européennes où les préjugés étaient à la fois moins forts et moins répandus à la fin du XVIIIe siècle. Mais la réussite de quelques-uns, d'ailleurs parfois vite oubliés, ne doit pas occulter l'immense détresse de l'extrême majorité des autres, esclaves aux Amériques. Tout comme à Athènes Pasion et Phormion ne sauraient faire oublier les esclaves du mont Laurion.

Le monde musulman

Rien de tel dans le monde musulman. Le système esclavagiste y était plus ancien et dura plus longtemps. Et pourtant les différents peuples asservis n'y ont pas donné lieu, comme aux Amériques, à d'importantes communautés. Est-ce parce que les « maîtres » musulmans auraient été plus terribles, n'hésitant pas à émasculer et à transformer la plupart de leurs esclaves hommes en eunuques, comme on peut parfois le lire, tandis qu'ils confinaient jalousement les femmes dans des harems ? Cela ne correspond pas plus à la réalité que la thèse inverse qui, soulignant l'absence d'importantes communautés nées de l'esclavage, en déduit que cet esclavage n'a jamais existé.

Ce qui s'est passé c'est que, à la différence des Amériques, il n'y eut guère de politiques d'encouragement aux naissances parmi les esclaves du monde musulman. Les esclaves y étaient beaucoup plus dispersés dans l'espace et plus diversement répartis dans l'économie et la société. Et les arrivées d'esclaves du dehors (tous venaient forcément du dehors, car on ne pouvait asservir des musulmans à l'intérieur de ce monde) furent très irrégulières dans le temps et dans l'espace. Certaines régions en reçurent en grand nombre pendant plusieurs décennies, puis très peu pendant des périodes tout aussi longues. Le monde des Tatars n'est pas celui du Maghreb, de l'Egypte, du Moyen-Orient, de l'Inde ou des régions de la boucle du Niger.

A la différence des Amériques, les systèmes esclavagistes du monde musulman n'ont guère été liés à la couleur de la peau. Les esclaves provenaient en effet de toutes les régions. Il y avait des esclaves blancs venus d'Europe méditerranéenne et surtout de la région des Balkans et du Caucase. Il y avait aussi des Asiatiques et des Africains noirs.

Faut-il en conclure que tout racisme était absent de ce type d'esclavage ? Sans doute pas. Pour au moins deux raisons. La première est que ce furent des hommes d'autres couleurs (blancs, noirs ou jaunes) qui furent esclaves de populations se considérant comme différentes de celles-ci. La seconde renvoie à la définition même du racisme, lequel peut être lié à la couleur et à des attributs physiques, mais aussi, comme nous l'avons vu, à des caractères plus culturels. Dans les deux cas, que l'on se fonde sur des critères physiques ou culturels, on finit par transformer une différence en une infériorisation, qualifiée de naturelle.

On sait que, quantitativement, cet esclavage fut important. Mais on dispose plus d'estimations pour certaines régions et époques que de bilans globaux. Et, selon les zones de départ des esclaves, les chronologies ne sont pas les mêmes. Des chrétiens d'Europe méditerranéenne furent asservis au Moyen Age. Mais il semble qu'ils furent plus nombreux à l'être à l'époque moderne. Les régions du Caucase et des Balkans furent ponctionnées sur une plus longue période, mais de manière irrégulière. Les esclaves noirs arrivèrent dès le VIIe siècle, mais, quantitativement, ce type d'esclavage semble avoir connu son apogée au XIXe siècle.

En 1987, un Américain, Ralph Austen, estima que, du VIIe siècle aux années 1920, près de 17 millions de Noirs avaient ainsi été déportés en dehors de l'Afrique noire. D'autres parlent plutôt de 14 à 15 millions. La frontière est d'ailleurs difficile à délimiter, puisque, avec le temps, une bonne partie de l'Afrique noire sise entre le Sahara (au nord) et la forêt équatoriale (au sud) fut islamisée, et donc intégrée au sein du vaste monde musulman.

Un autre Américain, Robert Davis, a estimé en 2003 que 1 250 000 chrétiens avaient été esclaves dans les pays du Maghreb, entre 1530 et 1780. Dans les Balkans, 200 000 jeunes hommes furent déportés, à titre de tribut versé à l'Empire ottoman, entre 1400 et 1650. A cela s'ajoutent les prises de guerre, par exemple près de 80 000 captifs lors de la tentative d'assaut contre Vienne, en 1683. Entre 1450 et 1700, 2 500 000 Polonais, Russes, Ukrainiens et Circassiens auraient été asservis en direction de l'Empire ottoman. Plus tard, des Arméniens en furent aussi victimes. Au début des années 1840, les Etats ouzbeks auraient compté près d'un million d'esclaves. En Inde, parmi les 8 à 9 millions d'esclaves estimés en 1841, les plus nombreux appartenaient à des « maîtres » musulmans. Dans les années 1880, dans le nord de Bornéo, près des deux tiers de la population étaient composés d'esclaves.

A propos des esclaves chrétiens du Maghreb, on sait que 90 % d'entre eux étaient des hommes, qui n'eurent guère l'occasion d'avoir une descendance. La seule chose « visible » qui aurait pu subsister de cet esclavage, c'est donc le produit de leur travail, du moins de ceux affectés à de grandes tâches étatiques (le reste, pour les esclaves « domestiques », étant plus difficilement perceptible) : construction de digues, de fortifications, de ports, de rues ou encore de palais. Mais une bonne partie de ces constructions n'existe plus.

Au début, de vastes opérations militaires menées par les Etats barbaresques n'étaient pas rares, même à l'intérieur des terres. Mais, à partir des premières décennies du XVIIe siècle, les esclaves blancs furent surtout le produit d'opérations corsaires privées. Pour leurs auteurs, l'esclavage n'était pas une entreprise annexe. La valeur des esclaves pouvait représenter entre un cinquième et la totalité de celle des autres prises, navires et marchandises inclus.

L'appât du gain était renforcé par l'arrière-plan conflictuel entre chrétienté et islam. Sinon comment comprendre totalement l'horreur particulière inspirée aux corsaires (dont certains étaient des chrétiens renégats) par les cloches des églises des villages qu'ils razziaient ? Des cloches qu'ils déposaient souvent, et parfois emportaient avec eux (le bronze n'étant pas sans valeur). La violence exercée localement, lors de ces raids, avait une tonalité en partie symbolique, permettant d'entretenir la crainte des populations littorales. Même chose pour les humiliations infligées immédiatement aux nouveaux captifs. Ainsi désocialisés, ils devenaient plus facilement esclaves. Ensuite, ils étaient provisoirement mieux traités afin de supporter leur acclimatation, avant d'être orientés vers des activités très variées, pouvant aller du travail dans les orangeraies de Tunis au service domestique. La plupart, néanmoins, se voyaient le plus souvent confier d'autres tâches : galères, convoyage de pierres, construction, extraction, etc.

Certains échappaient à tout cela dès le début, si l'on s'apercevait qu'ils pouvaient faire l'objet d'une forte rançon. D'autres pouvaient être rachetés au bout de quelques années, comme Miguel de Cervantès (1547-1616), l'auteur de *Don Quichotte*, qui demeura cinq ans dans l'esclavage. Dure épreuve si l'on en croit William Okeley, un Anglais qui, demeuré esclave à Alger, publia en 1675 un récit de sa captivité. Il y écrit qu'à « mesure que le temps passait nous nous habituâmes si bien à l'esclavage que nous en oubliâmes presque la liberté ; nous devenions des bêtes inconscientes de leur servitude ».

Avec le temps, les rachats devinrent théoriquement plus faciles, car des institutions religieuses spécialisées furent organisées de l'autre côté de la Méditerranée. La durée de la captivité pouvait ainsi, dans nombre de cas, ne pas s'étaler au-delà de cinq à douze ans. Mais, du fait du taux de mortalité (environ 15 % par an), beaucoup n'avaient en fait que peu d'espoir de retourner chez eux. Davis estime que seuls environ 5 % de ces esclaves étaient rachetés, échangés ou pouvaient s'enfuir.

Si des chrétiens furent esclaves au Maghreb, des musulmans furent aussi esclaves des chrétiens, sans doute plus d'un million durant l'époque moderne, selon Alessandro Stella. Le phénomène est attesté à Malte ou en Espagne. On trouve également de nombreuses traces de l'image négative des musulmans en Occident, dans les récits des voyageurs européens en « Barbarie » (c'est ainsi qu'on appelait alors l'Afrique du Nord) au XVIIIe siècle.

Quant aux activités de ces esclaves, il n'y eut pas de grands changements entre l'époque médiévale et l'époque moderne. On les trouvait dans tous les secteurs de la vie économique et sociale, y compris dans l'armée, comme on l'a vu, dans les mines, la récolte des dattes, la pêche des perles, la construction et l'entretien des infrastructures d'irrigation...

L'Afrique noire précoloniale

Plusieurs questions demeurent quant à l'esclavage dans l'Afrique noire précoloniale, c'est-à-dire avant sa colonisation par les pays européens, à la fin du XIXe siècle.

La première est celle de ses origines. On sait qu'elles sont anciennes et que, par exemple, il y avait des esclaves dans le pays de Koush (Nubie), à l'époque où l'Egypte pharaonique lui faisait la guerre. On sait aussi qu'un faible trafic transsaharien apporta des esclaves noirs à l'époque romaine, et que des Etats esclavagistes existaient en Afrique occidentale au moins dès le haut Moyen Age. Mais on se demande encore parfois si ces formes anciennes d'esclavage se sont développées de manière autonome, ou bien sous l'influence des peuples extérieurs à l'Afrique noire.

La question, de fait, se pose surtout pour la période postérieure au VIIe siècle de notre ère, au moment où un commerce d'esclaves régulier commença vraiment à apparaître entre l'Afrique noire et le monde musulman. Auparavant, les influences entre l'Afrique noire et les régions extérieures étaient en effet assez ténues. On peut donc penser que, dans un premier temps, comme en la plupart des parties du monde, des formes d'esclavage se développèrent de manière plus ou moins autonome en Afrique noire. A la suite de facteurs sans doute comparables à ceux de ces autres parties du monde : apparition de sociétés complexes, de surplus, de réseaux commerciaux, etc.

Avec l'essor du commerce négrier en direction du monde musulman (après le VIIe siècle), la découverte de l'Afrique noire par les Portugais (XVe siècle) et le développement de la traite atlantique (fin du XVIIe siècle), des liens s'opérèrent évidemment entre traites extérieures et esclavages internes au continent africain. Certains pensent que ces liens, limités aux périphéries, ne changèrent guère les choses à l'intérieur du continent. D'autres disent, au contraire, que tout fut bouleversé par ces liens extérieurs. Le plus probable se situe sans doute entre ces deux hypothèses extrêmes.

Ce que l'on sait, c'est que les modes de réduction en esclavage étaient ici les mêmes qu'ailleurs : guerre, kidnapping et razzia, vente volontaire lors de disette, pour dette ou autre trouble grave, esclavage à la suite d'une condamnation... La personne qui se plaçait « en gage », c'est-à-dire en garantie d'une dette ou comme sécurité d'un emprunt auprès d'un créancier, restait en droit un homme libre. Mais certains gagés pouvaient ensuite devenir de véritables esclaves. L'esclavage se transmettait aussi par la mère. Une partie des esclaves était vendue à l'extérieur, l'autre demeurait en Afrique noire, notamment les femmes recherchées pour leur exploitation sexuelle mais aussi, et sans doute plus encore, pour leur capacité procréatrice et leur rôle effectif dans l'agriculture.

L'historien américain Patrick Manning estime que, sur la longue durée, le nombre d'esclaves demeurés en Afrique noire fut égal à environ la moitié de tous ceux déportés au-dehors. Ce qui équivaudrait approximativement à environ 14 millions de personnes vendues à l'intérieur du continent sur plus d'un millier d'années (VIIe-XIXe siècle). Mais ce n'est là qu'un ordre de grandeur reposant sur des projections.

Il semblerait que l'esclavage se soit développé avec le temps, notamment après la seconde moitié du XVIIIe siècle, pour atteindre des proportions parfois très importantes à la fin du XIXe siècle, au moment où la traite par l'Atlantique était achevée, mais où le commerce oriental atteignait son apogée, et où s'opérait une recrudescence des guerres en Afrique noire. Selon le Canadien Paul Lovejoy, il est possible que plus de 50 % de la population africaine ait alors été réduite en esclavage (ce qui ferait, pour cette période, plus d'esclaves que n'en a calculé Manning pour toute la période des traites négrières).

Tant et si bien que, selon lui (et également Martin Klein, un autre Canadien), la seule Afrique occidentale aurait compté, en 1900, plus d'esclaves que l'ensemble des Amériques à la fin du XVIIIe siècle : entre 1 et 2,5 millions d'esclaves pour l'empire de Sokoto (aujourd'hui au Nigeria) et plus de 1,8 million pour les seules régions du Sénégal, de la Guinée et du Niger. Parallèlement, un plus grand nombre d'esclaves semble avoir été employé à la production de biens destinés à être commercialisés, notamment des produits agricoles. Ce qui dénote une vraie et importante transformation, laquelle reste, dans bien des cas, à être précisément mesurée.

Cela ne veut pas dire que les autres formes (plus « traditionnelles ») d'utilisation des esclaves furent moins importantes. Au fond, en effet, ce qui importe c'est aussi le cadre dans lequel s'effectue la production. Or, dans l'Afrique noire précoloniale, l'essentiel de cette production était réalisée dans un environnement « familial ». Dans ce contexte, un esclavage « domestique » pouvait remplir un rôle économique majeur. Après tout, l'Europe pouvait fort bien être privée de cacao, mais l'Afrique ne pouvait l'être de ses cultures vivrières. On a trop souvent tendance à considérer comme « capitaliste » et « productif » tout ce qui se rapporte à l'Occident et comme « archaïque » et « peu rentable » tout ce qui se rapporte aux autres civilisations.

La variété des rôles effectivement joués par les esclaves en Afrique noire précoloniale rappelle un peu le monde musulman. On trouvait en effet des esclaves dans l'agriculture. D'autres étaient porteurs, soldats, concubines ou remplissaient le rôle de « fonctionnaires » et étaient parfois sacrifiés lors de la mort d'un chef (sacrifices inconnus dans le monde musulman et dans l'Amérique coloniale, mais qui existaient chez les Aztèques). Ils pouvaient aussi parfois servir de monnaie d'échange ou bien encore être installés dans des villages-frontière afin d'en assurer le contrôle. Les esclaves n'étaient généralement pas mieux ni moins bien traités qu'ailleurs, leur situation dépendant, comme dans les autres parties du monde, de nombreux facteurs évoluant dans le temps et dans l'espace.

C'est le cas, entre autres exemples, des anciens pays intégrés aujourd'hui à l'Etat du Burkina Faso, étudiés récemment par Maurice Bazemo, un historien burkinabé. Il nous dit que chez les Lyela on valorise beaucoup le travail de la terre, parfois même considéré comme une preuve de « bravoure ». L'esclave que l'on utilise comme agriculteur peut donc être relativement bien traité. Chez les Peuls ou les Touaregs, c'est plutôt la force brute, détachée de toute idée de valorisation du travail, qui semble l'emporter.

L'auteur nous rappelle aussi que le groupe dont est issu l'esclave est toujours dévalorisé par le groupe qui l'exploite. C'est ainsi que les Mossi prirent l'habitude de ranger sous un même qualificatif de *gourounsis* les peuples chez lesquels ils avaient l'habitude de faire des esclaves. Il s'agissait pour eux, comme l'écrit Bazemo, de « peuples arriérés ». Pour lui, *gourounsis* serait en quelque sorte l'équivalent du mot « barbare », terme parfois aussi utilisé dans le sens d'« esclave ». Parce qu'ils étaient différents, politiquement moins structurés et donc plus faibles, les *gourounsis* devinrent ainsi la proie de leurs voisins plus puissants. Lesquels justifiaient l'exploitation de ces voisins par leur prétendu moindre niveau de développement. Ici, comme partout ailleurs, l'esclave est forcément « l'Autre », quelqu'un décrit comme différent et quelque peu « barbare ».

Nous verrons plus loin qu'ayant colonisé l'Afrique noire sous le prétexte (parmi d'autres) d'y lutter contre l'esclavage, les puissances européennes jouèrent un rôle ambigu en la matière.

Quelles formes l'esclavage revêt-il aujourd'hui ?

Qu'est-il advenu de l'esclavage à l'époque contemporaine, c'est-à-dire depuis 1789 ? A-t-il peu à peu disparu sous les coups de boutoir des transformations politiques, économiques et culturelles, ou bien a-t-il plus simplement changé de forme ?

La Révolution et l'industrie ont-elles ruiné l'esclavage ?

Lorsque l'on dit « transformations de l'époque contemporaine », on pense assez souvent, en

France, à la Révolution et à l'industrie. Ce qui est un peu sommaire et réducteur. Mais ces deux phénomènes correspondent cependant à des changements profonds dans l'histoire mondiale. Ils illustrent et accompagnent la fin de l'absolutisme, la marche vers la démocratie, et tout un faisceau de transformations politiques et culturelles qui ont progressivement, à des moments différents selon les régions du monde, aboli ou fragilisé ce que l'on pourrait appeler un « Ancien Régime ». Or, l'esclavage nous paraît aujourd'hui tellement monstrueux et archaïque que l'on ne peut s'empêcher de penser qu'il a ou aurait logiquement dû disparaître avec cet « Ancien Régime ».

Par ailleurs, qui dit industrialisation dit aussi remplacement progressif de l'homme par la machine pour quantité d'activités. On peut donc, là aussi, penser que l'industrialisation aurait rendu le travail de l'esclave moins productif, le condamnant ainsi, pour de simples raisons économiques, à disparaître progressivement.

Ah ! si les choses étaient si simples ... Il est vrai que l'esclavage fut progressivement officiellement aboli dans l'ensemble du continent américain au cours du XIXe siècle, le dernier Etat à le faire ayant été le Brésil, en 1888. Mais ici, comme dans les colonies européennes de l'océan Indien, le passage au travail libre fut assez difficile. D'une part, parce que les esclaves libérés n'avaient souvent (on peut le comprendre !) guère envie de travailler comme salariés pour leurs anciens « maîtres ». D'autre part, parce que les planteurs pouvaient rechigner à traiter leurs anciens esclaves comme leurs égaux et à les rémunérer normalement.

On fit donc venir nombre de travailleurs étrangers. Des Indiens du Yucatán arrivèrent dans les

Caraïbes. Quelques Africains furent aussi concernés. Des Méditerranéens, comme les Italiens, émigrèrent en Amérique du Sud. Mais c'est la Chine et surtout l'Inde qui fournirent les plus forts contingents de ceux que l'on appela des « engagés » (comme on avait appelé les migrants blancs exploités par les premiers colons américains). Au total, près d'un million de personnes gagnèrent ainsi la région des Caraïbes, entre 1811 et 1939.

Pour certains, l'« engagisme » ne fut qu'une sorte d'esclavage déguisé. Car les « engagés » étaient vraiment très durement exploités. Signés au départ, leurs contrats n'étaient pas toujours très « réglementaires ». Mais tous ces hommes et toutes ces femmes étaient des salariés. La plupart partirent volontairement de chez eux et eurent la possibilité d'y retourner. Quant à leurs conditions de transport, par voie maritime, elles n'avaient rien de comparable à celles des esclaves africains déportés par les traites négrières. Le cas des engagés traduit donc sans doute moins la poursuite de l'esclavage proprement dit que la capacité de l'homme à trouver toujours de nouveaux moyens, adaptés à son époque, pour exploiter son prochain.

En Asie orientale, l'esclavage recula également, du moins officiellement, au XIXe siècle. En Afrique et au Moyen-Orient, il semble par contre avoir progressé à cette époque, pour ne régresser qu'à partir du XXe siècle. L'Afrique noire constitue donc aujourd'hui, avec le Moyen-Orient, mais aussi l'Amérique du Sud et l'Asie du Sud, l'une des régions du monde où des formes d'esclavage sont encore les plus nombreuses.

Toujours des millions d'« esclaves »

On ne se hasardera pas ici à citer des chiffres précis. Tout simplement parce que la définition du terme esclave n'est pas la même pour tous, et qu'elle change, comme on l'a vu, dans les grands textes officiels. Reste que des millions de personnes, véritables esclaves modernes, sont aujourd'hui exploitées de par le monde.

Esclave est, hélas, le mot qui convient : on peut généralement retrouver à leur propos les quatre caractères énoncés à la fin du premier chapitre, lorsque l'on a tenté de donner une définition de l'esclavage. On a en effet souvent affaire à des étrangers ou à des personnes perçues et transformées de fait en étrangers. Ces individus deviennent, de fait, la « possession » d'autres personnes Cette « possession » peut être la conséquence d'« accords » ou de « contrats », évidemment complètement illégaux, mais liant sans recours ceux qui en sont l'objet. C'est le cas lorsque des enfants sont vendus à des trafiquants en Asie du Sud-Est, ou bien lorsque des femmes entrent dans des réseaux de prostitution par l'intermédiaire de véritables filières de traite (c'est-à-dire de commerce d'êtres humains). Réduites à un esclavage « domestique », d'autres personnes peuvent être pratiquement séquestrées par des « maîtres » qui leur confisquent tous les documents administratifs qu'elles pouvaient avoir en leur possession. Ce qui, dans nombre de pays, suffit à en faire des « étrangers » quasiment absolus, pouvant être manipulés à volonté, pour « l'utilité » de ceux qui les exploitent.

Retour au passé ou métamorphoses ?

La nouveauté, c'est que, l'esclavage étant partout officiellement aboli, on a affaire à des situations *de fait* et non *de droit*. Ce qui montre que les mentalités n'ont pas, partout, évolué à la même vitesse que le droit. La « modernité » de l'esclavage qui persiste sous nos yeux dépend ainsi en partie de la persistance, dans un monde « moderne », de mentalités anciennes. Cette « modernité » de l'esclavage peut aussi s'expliquer par les conséquences d'une certaine mondialisation, dont les progrès spectaculaires sont assez récents. Il est donc inutile de se demander si « l'esclavage moderne » témoigne d'une persistance de formes anciennes, d'un retour vers le passé, ou bien de l'apparition de nouvelles formes d'exploitation. L'esclavage dit moderne est tout cela à la fois.

Les formes d'esclavage « moderne » résultent en effet souvent d'une rencontre entre deux éléments. D'une part, l'intrusion d'une dérégulation de l'économie rendant possible la recrudescence de formes d'exploitation. D'autre part, des conditions favorables sur place : « traditions », corruption, etc.

Prenons l'exemple des formes actuelles d'esclavage sexuel en Asie du Sud-Est. Elles sont à mettre en rapport avec certaines « traditions ». On les retrouve en effet dans des sociétés ayant connu il n'y a pas encore si longtemps l'esclavage volontaire ou l'esclavage pour dette. Un exemple nous en est donné par l'autobiographie d'une femme Ifugao (Philippines). Nous sommes dans les années 1930, la jeune femme emprunte plus qu'elle ne pourra rembourser contre la promesse de devenir esclave de son créancier à une date précise ; le tout afin de pouvoir vivre et paraître comme une personne importante, le temps d'un mois. Cela fait, elle invite tous les habitants de son village à une grande fête. Elle est ensuite vendue à des marchands l'emmenant loin de son pays et sans espoir de retour.

Les formes actuelles d'esclavage sexuel en Asie du Sud-Est sont aussi à mettre en rapport avec des régions où on admettait anciennement le principe de ce que les sociologues appellent un « prix sans retour » pour la fiancée (ce qui veut dire qu'il n'y avait pas réciprocité des dons et que la fiancée pouvait de fait être plus ou moins « achetée »). Des régions où les enfants étaient déjà, dans le passé, souvent victimes de l'esclavage « interne ». On a donc bien, ici, la rencontre entre des phénomènes anciens et des transformations récentes, comme l'essor du tourisme sexuel.

On retrouve un même cocktail ancien/moderne dans certaines régions du Brésil des années 1950-1960. Avec, d'un côté, une longue présence historique de l'esclavage et, de l'autre, l'essor d'une agriculture un peu « sauvage » (comme le capitalisme du même nom) conduisant à un cycle infernal : endettement/expropriation, esclavage pour dette, et parfois drogue.

Un troisième et dernier exemple nous est fourni par le cas des esclaves « domestiques » souvent (mais pas toujours) étrangers dans les pays riches. Il y a ici fréquemment conjonction entre deux « traditions » : celle des « maîtres » qui peuvent venir de pays du Sud où l'existence de droits sur la personne d'autrui est parfois toujours admise dans les faits ; celle des pays « d'accueil » où le fait d'être dépossédé d'une existence légale (papiers...) peut aussi conduire, en réalité, à de véritables mises sous possession.

Trois grands types d'esclavage dans le monde d'aujourd'hui

On distingue généralement trois grands types d'esclavage dans le monde contemporain. Le premier correspond à ce que l'on appelle la « persistance » de formes « traditionnelles » d'esclavage, comme l'esclavage pour dette ou bien la vente d'enfants. L'Afrique noire, le sous-continent indien et l'Indonésie sont les plus touchés par cette première catégorie, même si l'esclavage pour dette persiste toujours aussi dans les grandes propriétés foncières du Nordeste brésilien. Au Népal et en Inde des enfants sont ainsi affectés à la fabrication de tapis. Au Pakistan, des familles entières sont employées pour la fabrication de tapis, de briques et dans l'agriculture. En Thaïlande, au Cambodge, en Birmanie et au Laos, des enfants sont achetés à des familles pauvres par des intermédiaires. Ils sont ensuite utilisés dans la prostitution, l'artisanat ou la domesticité. Le trafic d'enfants persiste aussi dans un nombre important de pays du golfe de Guinée, ainsi qu'en Mauritanie et au Soudan.

Le deuxième type d'esclavage moderne renvoie à des formes d'exploitation extrêmes de la main-d'œuvre, aussi bien dans l'agriculture (plantations) que dans les mines et des entreprises de sous-traitance industrielle. En Afrique (Congo, Sierra Leone, Guinée, Niger, Tanzanie ou encore Zimbabwe), c'est l'exploitation minière qui domine. Elle est aussi présente en Amérique latine, et des usines (de chaussures au Brésil, et de sous-traitance au Mexique et au Honduras) utilisent aussi ce type d'« ouvriers », comme dans une bonne partie de l'Asie orientale (de la Chine et du Népal au nord, au Vietnam au sud). En République dominicaine, ce sont des Haïtiens que l'on exploite dans les plantations. Le Moyen-Orient n'est pas en reste, avec des travailleurs venus des Philippines, du Pakistan, d'Inde et du Bangladesh.

A la différence des deux premiers types, surtout représentés dans les pays du « Sud », plus pauvres ou émergents, la dernière catégorie d'esclavage moderne concerne aussi l'Europe. Elle correspond à la servitude domestique, évidemment clandestine. On la retrouve aussi en Amérique latine (Brésil et Pérou), en Haïti, en Asie (du Bangladesh à l'Indonésie). En Afrique, elle est parfois confondue avec un esclavage dit « coutumier ».

La catégorisation tripartite que nous venons de décrire n'est pas forcément la meilleure. Elle oublie en effet certains types de prostitution touchant notamment l'Afrique noire et l'Europe de l'Est. De même, on englobe sans doute dans la catégorie 2 (formes extrêmes d'exploitation de la main-d'œuvre) des types de servitude qui ne correspondent pas exactement à de l'esclavage (car elles n'impliquent pas toujours le principe de la « possession » d'un homme par un autre et la possibilité de son transfert), du moins avant certains grands textes internationaux de la seconde moitié du XXe siècle. De plus, si l'on voulait aller dans le sens de ces textes, il faudrait aussi inclure dans l'esclavage moderne certains mariages forcés. Tout cela montre que, pour mieux lutter contre les formes modernes d'esclavage et d'exploitation de l'homme, on devrait peut-être essayer de mieux s'entendre sur un minimum de définitions communes.

Au total, il serait donc pour le moins naïf, on le voit, de croire que les « progrès de la civilisation » s'accompagnent automatiquement d'une éradication de l'esclavage, ou même de son extinction progressive. Mais, à l'inverse, il serait injuste de sous-estimer l'avancée, sans exemple dans l'histoire de l'humanité, que traduit l'*abolition en droit de l'esclavage* dans tous les pays du monde et dans le droit international. Que l'esclavage soit universellement reconnu comme inacceptable, sinon en fait du moins en principe, et que plus aucune personne raisonnable ne songe à le justifier moralement, constitue un pas considérable.

Quand chacun sent que l'esclavage est une scandaleuse atteinte à l'humanité de celui qui en est victime, le combat pour son abolition effective peut s'appuyer sur une force nouvelle : même les plus cyniques esclavagistes ne peuvent plus croire que leurs crimes soient défendables. Si cela n'empêche pas les trafics fondés sur l'intérêt et couverts par l'hypocrisie, il n'en reste pas moins que, pour la première fois depuis l'apparition de l'esclavage, nul n'est plus en mesure de le défendre de bonne foi. Reste à comprendre ce qui a rendu possible ce renversement de perspective morale : le prochain chapitre donnera des éléments nécessaires à une réflexion sur ce thème.

PRINCIPALES PRATIQUES AUJOURD'HUI RECONNUES COMME ESCLAVAGISTES

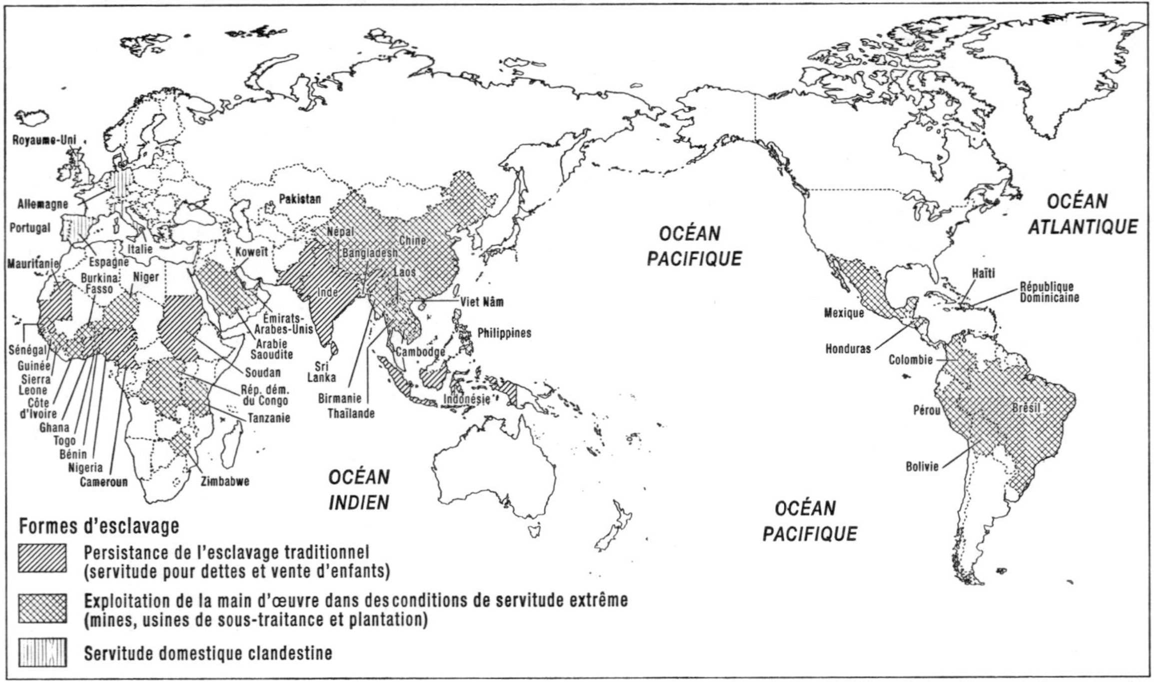

D'après *Les Abolitions de l'esclavage : la longue marche.* Textes et documents pour la classe, novembre 1993, révisé par le bureau de statistique du BIT, Genève, 2002.

TEXTE »

Le travail des enfants aujourd'hui

En vertu d'un texte international de 1956, sont définis comme « institutions et pratiques *analogues* à l'esclavage » celles en vertu desquelles « un enfant ou un adolescent de moins de dix-huit ans est remis, soit par ses parents ou l'un d'eux, soit par un tuteur, à un tiers, contre paiement ou non, en vue de l'exploitation de sa personne, ou du travail dudit enfant ou adolescent ».

« L'Organisation internationale du travail (OIT) estime qu'un enfant sur huit, dans le monde, est soumis à ce qu'on appelle "les pires formes de travail". Vente, cession par la famille ou kidnapping sont des pratiques fréquentes. L'organisation estime aujourd'hui entre 250 et 300 millions le nombre d'enfants âgés de cinq à dix-sept ans victimes du phénomène. Une situation liée à l'appauvrissement croissant de certains groupes de population, et qui concerne essentiellement les pays en voie de développement [...] mais aussi des pays dits développés où des enfants sont employés sans rémunération pour le travail dans l'entreprise familiale, dans de grandes plantations ou à l'usine. [...]

« Le même organisme estime qu'au début du XXIe siècle, en Afrique, environ 80 millions d'enfants de moins de quatorze ans travaillent [...]. Ces enfants qui travaillent dix à vingt heures par jour meurent, pour un cinquième d'entre eux, de maladie ou d'accident

TEXTE »

[...]. Le 16 avril 1995, Iqbal Masih, douze ans, qui avait travaillé plusieurs années dans une fabrique de tapis, était assassiné dans la banlieue de Lahore (Pakistan). Il venait de retrouver la liberté avec l'aide du Front de libération des travailleurs en servitude du Pakistan, devenant ainsi un symbole pour la lutte contre le travail des enfants que certains considèrent comme dangereux pour leurs intérêts. *Anti-Slavery International* fait depuis plusieurs années des rapports aux Nations unies sur le trafic de jeunes enfants employés dans les Emirats arabes comme jockeys de dromadaires. Enlevés ou achetés à leurs parents, ces enfants sont originaires du Pakistan, de l'Inde, du Bangladesh, du Soudan et de Mauritanie » (Nelly Schmidt, *L'Abolition de l'esclavage*, Paris, 2005, p. 309-311).

DÉBAT »

L'esclave et la torture

Dans la Grèce ancienne, hormis deux cas particuliers (si l'esclave dénonce un traître à la cité, ou si son action est nécessitée par les activités professionnelles qui lui ont été confiées par son « maître »), aucun témoignage d'esclave n'est directement recevable en justice. Car seules les réponses que l'on a obtenues de lui par la torture le sont. Il en allait de même à Rome, avec quelques variantes. Comment expliquer cette situation ?

DÉBAT »

Cela témoigne de l'existence d'une frontière très nette entre l'homme libre et l'esclave. Dans le monde gréco-romain, il est en effet théoriquement interdit de torturer le premier. Théoriquement, car des détenteurs du pouvoir y ont, évidemment, eu recours. Mais cela n'était pas légal. Alors que la manière dont l'esclave devait être soumis à la « question » était bien codifiée. L'homme libre dispose de son corps, l'esclave non. De tels procédés, qui rappellent la violence initiale liée à toute situation d'esclavage, reflètent enfin la manière dont on perçoit ou veut percevoir l'esclave : comme un homme auquel il est difficile de faire confiance, soit parce qu'il est considéré comme « inférieur » au citoyen, soit parce que, dépendant d'un « maître », on lui dénie la possibilité d'émettre naturellement des jugements droits et autonomes.
Ailleurs, comme dans l'Amérique coloniale espagnole, mais pas seulement, des esclaves pouvaient aller en justice. Dans la France de l'Ancien Régime, la torture n'était pas réservée aux seuls non libres, comme l'attestent la pratique de la roue, ou bien l'usage du fouet dans la marine, lequel ne fut interdit qu'en 1848, l'année de l'abolition de l'esclavage dans les colonies françaises. Mais à la différence de la métropole, où la torture fut progressivement condamnée, notamment par les philosophes, celle-ci demeura longtemps une sorte d'institution pour nombre de « maîtres » au pouvoir discrétionnaire. Le pouvoir d'user et d'abuser de

DÉBAT »

l'esclave fut, en tout temps et en tous lieux, l'un des attributs de l'esclavage.

ZOOM »

Eunuques et mamelouks

Les Romains, qui n'avaient pas de mot pour désigner l'eunuque, imaginèrent qu'une reine assyrienne, forcément ennemie des hommes, avait été à l'origine de la première castration humaine. Opération qu'ils interdirent vigoureusement lorsque leurs conquêtes les amenèrent au Proche-Orient, où le phénomène était bien connu. Mais cela ne les empêcha pas de faire venir à Rome, pour des coûts parfois fort élevés, des eunuques, esclaves « exotiques » venus des autres parties de l'Empire. La situation fut assez comparable dans le monde arabe médiéval et moderne. La loi musulmane interdisait en effet la castration, mais les esclaves eunuques étaient fort recherchés.
Et pas seulement pour garder des lieux saints et les harems (qui n'existaient pas à Rome et à Byzance) ou pour l'usage sexuel de leurs « maîtres ». Dans l'Empire byzantin comme dans le monde musulman, les eunuques remplirent des fonctions militaires et administratives, servant souvent directement les grands et les souverains. A Byzance comme chez les musulmans, les eunuques étaient alors affranchis. Ils purent ainsi constituer une sorte d'aristocratie et être parfois influents.

ZOOM »

Ce qui peut être interprété comme un signe de la possible ascension sociale de certains esclaves. Mais le fait que l'eunuque devenait libre en occupant ces fonctions contredit ce type d'interprétation : c'est en effet à sa promotion qu'il devait sa liberté, et non l'inverse. De plus, libre en droit, il devenait de fait dépendant de son « maître ». D'autant plus dépendant qu'il était incapable d'avoir une descendance (et donc de constituer un danger pour les dynastes en place), de s'appuyer sur une famille ou un clan, et que sa position (et parfois sa vie) dépendait en grande partie de l'avenir de son « maître ».
Tout cela faisait de l'eunuque un homme potentiellement beaucoup plus fidèle et sûr que nombre d'autres dépendants ou courtisans. On voit ainsi que la castration de l'esclave – signe évident de la non-possession par lui de son propre corps – constituait un moyen de détourner les règles en place et de disposer de réels atouts dans les luttes d'influence et de politique d'alors. Preuve, s'il en est, que l'esclavage peut être à l'origine d'une « utilité » forte n'ayant absolument rien à voir avec l'économie.

CHAPITRE 3

Luttes et abolitions

Nous avons vu que l'esclavage fut malheureusement présent dans un grand nombre de sociétés humaines. Il est vrai que cette institution revêtit de multiples visages, à travers le temps et l'espace. Mais il serait vain de considérer cette diversité comme un maillon faible de la chaîne esclavagiste. Ce qu'elle révèle, en effet, c'est que si l'esclavage fut partout plus ou moins original, c'est qu'il était chaque fois relativement bien adapté aux sociétés spécifiques au sein desquelles il s'était enraciné. Ce qui, logiquement, devait y rendre encore plus difficile sa dislocation.

Aujourd'hui, pourtant, même si l'esclavage persiste, et parfois même se développe, il ne peut le faire que de manière illégale, informelle et masquée. Entre-temps, une chose essentielle est en effet survenue : l'esclavage a été partout moralement condamné et légalement interdit. Cela témoigne, par rapport au temps long historique, d'une véritable révolution dont il convient ici, dans ce dernier chapitre, de prendre la mesure.

Comment expliquer la « révolution » abolitionniste ?

Comment expliquer l'émergence de l'abolitionnisme, de ce phénomène nouveau et à bien des égards « révolutionnaire » ? Apparemment, cela devrait être assez facile. De nombreux auteurs se sont en effet demandé, quasiment depuis la fin du XVIIIe siècle, à quelles raisons l'on pourrait attribuer le grand revirement historique qui nous intéresse ici. Mais, au fil du temps, des modes se sont succédé, tendant chaque fois à expliquer la remise en cause de l'esclavage par un seul type de facteur ou de cause. Aussi se trouve-t-on aujourd'hui confronté à un inventaire de pratiquement toutes les causes possibles et imaginables, et à de fortes oppositions entre les tenants de telle ou telle interprétation. Il est donc difficile d'y voir clair et, surtout, de *comprendre* ce qui a pu pousser des hommes et des femmes à lutter contre l'esclavage avec succès.

Il n'y a pas de « lois » en histoire

Vouloir expliquer une chose revient généralement à en chercher les *causes*, c'est-à-dire les éléments déterminants, ceux qui, parmi une foule d'autres facteurs possibles, sont censés avoir joué le rôle principal. Ensuite, soit l'on met l'accent sur l'un de ces facteurs, l'une de ces causes, au détriment des autres, soit l'on tente d'en classer et d'en hiérarchiser quelques-unes. On oppose alors souvent les causes dites « profondes », à l'instar des mouvements de fond ou des grandes tendances, et les causes dites « conjoncturelles », du type de la goutte d'eau qui fait déborder le vase.

En physique, et dans les sciences dites « dures », les phénomènes peuvent être réduits à des lois qui les régissent. Ce n'est pas le cas en sciences humaines où l'on traite d'épisodes et de comportements complexes qu'il est rarement possible de décomposer en facteurs élémentaires. C'est pourquoi l'histoire ne peut rendre compte intégralement des causes effectives de ce qui arrive. Ce que l'on peut faire, c'est retracer le déroulement des événements, tout en gardant à l'esprit que ce déroulement aurait pu être autre. Comme nous connaissons généralement le début et la fin des événements que rapporte l'Histoire, on est parfois enclin à penser que leur enchaînement était parfaitement logique et inéluctable. Mais lorsque nous prenons une décision, aujourd'hui, vous et moi devons souvent faire des choix. Les hommes du passé faisaient de même. Ce qui ne veut pas dire que ces choix étaient forcément toujours entièrement libres et ouverts : tout n'est pas possible à chaque instant, et l'on éclaire déjà beaucoup les décisions prises dans le passé quand on saisit une part des contraintes et des influences qui pesaient sur elles.

Ce que l'historien doit savoir rappeler, c'est l'importance de ces choix ou orientations alors possibles, et souligner ainsi que ce qui est advenu n'était pas forcément inévitable. Voilà pourquoi le sociologue Max Weber (1864-1920) pensait que, dans les sciences humaines, les chercheurs devaient plutôt *comprendre* qu'expliquer. Comprendre le sens que les hommes (du passé pour l'historien) donnaient à leurs actions, et comment ils voyaient le monde. Tout en sachant qu'ils pouvaient agir dans un certain sens et aboutir, par leur action, à des effets tout autres que ceux qu'ils avaient souhaités. Sans oublier, aussi, que, comme la plupart d'entre nous, ils étaient mus, simultanément, par de multiples idées et valeurs.

La morale ou l'économie ? Le juste ou l'utile ?

Appliquons cela à l'histoire de l'esclavage et, plus précisément, à celle de l'esclavage des Noirs dans l'Amérique coloniale de l'époque moderne, car c'est pour y mettre un terme que l'abolitionnisme s'est mis en place.

Dès la fin du XVIIIe siècle, certains ont voulu rendre compte du mouvement qui s'était constitué contre l'esclavage américain par l'action de quelques philanthropes ayant convaincu leurs concitoyens du caractère inhumain de l'esclavage.

Plus tard, au tournant de la seconde moitié du XXe siècle, des historiens ont rejeté totalement ce type d'explication pour le remplacer par des motivations plus bassement matérielles. Ils soulignaient que l'Angleterre de la fin du XVIIIe siècle, qui fut la première nation occidentale à s'engager résolument dans la lutte abolitionniste à l'échelle internationale, n'avait plus autant besoin qu'auparavant de l'esclavage, car elle entrait dans l'ère de la révolution industrielle. L'esclavage colonial s'était jusqu'alors appuyé sur une sorte de protectionnisme (les colonies ne pouvant échanger qu'avec leur métropole), alors que les produits industriels d'une Angleterre peu peuplée nécessitaient désormais des débouchés extérieurs importants, donc l'ouverture des marchés et une politique plus orientée vers le libre-échange.

Plus vraiment nécessaire, le maintien de l'esclavage américain aurait même pu être préjudiciable à l'essor de l'industrie anglaise. En poussant les autres nations d'Europe à abolir elles aussi l'esclavage, l'Angleterre pouvait également espérer les handicaper dans leur développement, la grande industrie étant chez elles encore dans l'enfance. Elle faisait ainsi d'une pierre deux coups : l'abolition de l'esclavage lui permettait de poursuivre son essor tout en limitant celui de ses concurrents.

D'autres historiens ont ensuite invalidé une bonne partie de cette explication. D'une part, en montrant que les colonies esclavagistes continuaient à se développer à la fin du XVIIIe siècle. D'autre part, en rappelant que l'Angleterre, menacée d'asphyxie économique par le blocus continental décrété par Napoléon Ier (1806-1807), a eu tendance à demander plus qu'avant à ses colonies. Enfin, que dire des multiples pétitions, s'étalant sur près d'un siècle (de la fin du XVIIIe siècle à la fin du XIXe), en faveur de l'abolition de l'esclavage (d'abord aux Amériques, puis en Afrique et en Orient) ? Des pétitions signées chaque fois par des dizaines, voire des centaines de milliers de Britanniques, lesquels, souvent issus des classes moyennes ou défavorisées, n'ont visiblement pas apporté leur signature afin de soutenir les intérêts supposés du capitalisme industriel britannique.

Cela ne signifie pas que la Grande-Bretagne n'ait pas su considérer ses intérêts. Sinon pourquoi aurait-elle permis au Portugal (dont l'économie était déjà depuis des décennies en partie sous influence britannique) de poursuivre la traite des Noirs au sud de l'équateur jusqu'au début des années 1830 alors que, dans le même temps, elle se montrait intraitable vis-à-vis de la France, puissance plus directement concurrente pour elle ? Cela veut dire, tout simplement, que l'économie pas plus que la philanthropie ne peuvent, *à elles seules*, rendre compte de la naissance, de l'affirmation et du succès d'un mouvement abolitionniste international.

D'autres facteurs doivent entrer en ligne de compte. A commencer par les intérêts géostratégiques : lorsque l'Angleterre s'érige en gendarme des mers afin d'arrêter les navires négriers des autres nations, elle renforce son influence mondiale. Le rôle de la religion ne doit pas non plus être minimisé : nombre de Britanniques furent convaincus de signer des pétitions par leurs pasteurs. Et, jusqu'à la fin du XIXe siècle, à l'échelle internationale, les protestants ont souvent devancé l'Eglise catholique dans le combat abolitionniste. N'oublions pas, par ailleurs, le rôle du patriotisme. Un patriotisme souvent mobilisé par les défenseurs de l'esclavage, mais qui, en Angleterre, servit au contraire les intérêts des abolitionnistes. Et que dire du rôle des esclaves eux-mêmes (point sur lequel je reviendrai) dans le processus abolitionniste ?

Des éléments imbriqués

Ce que l'on voit, au final, c'est que la liste des facteurs susceptibles d'avoir joué un rôle dans le mouvement pour l'abolition de l'esclavage est assez longue, et qu'elle pourrait être encore augmentée (histoire diplomatique, rôle des philosophes, des idées révolutionnaires, des transformations culturelles, etc.). L'histoire de l'abolitionnisme concerne une bonne partie de la planète, sur près de deux siècles (de la fin du XVIIIe siècle à aujourd'hui). Plusieurs générations d'abolitionnistes se sont donc succédé, dans des contextes différents et changeants. Un tel phénomène ne peut, à l'évidence, être ramené à une seule cause. Si l'on veut en rendre compte, il n'y a, dès lors, à mon sens, que deux possibilités.

La première est d'essayer, non pas de discerner la ou les causes essentielles, mais plutôt de voir comment les choses se sont déroulées, ici ou là. De comprendre ce qui a pu se passer en Angleterre, en France, mais aussi au Brésil, dans l'Empire turc ou à Zanzibar et de voir, ensuite, ce qui éventuellement rassemble ou oppose ces histoires particulières. Comme nous le suggérait Max Weber, la seconde possibilité revient à se demander comment les contemporains voyaient les choses. On se rend alors très vite compte, en étudiant les faits dans le détail, que les savants découpages des chercheurs du XXe siècle ne correspondent pas forcément à la manière dont les hommes des XVIIIe et XIXe siècles se représentaient la question. Je prendrai seulement deux exemples.

Arrêtons-nous, tout d'abord, sur le cas du fameux abbé Grégoire (1750-1831), pratiquement le seul grand abolitionniste français à avoir maintenu la flamme intacte durant le Consulat de Bonaparte et le premier Empire (1802-1815). Comme il s'agit d'un homme d'Eglise, on serait tenté d'expliquer son action par des motivations religieuses. Or, lorsqu'on lit ses écrits, on se rend compte qu'il ne condamnait pas seulement l'esclavage au nom du message chrétien mais aussi en raison de son attachement à une certaine vision de l'homme en général. Il se rapprochait ainsi, à certains égards, des philosophes qui, à son époque, condamnaient l'esclavage à partir d'une réflexion sur le « droit naturel ».

Cela dit, on peut toujours pousser plus en avant l'analyse et se demander ce qui, de la religion ou d'une vision en partie laïcisée des droits de l'homme compta le plus chez l'abbé Grégoire. Pourquoi pas ? La question est intéressante. Mais cet exemple nous montre qu'il ne faut pas toujours dissocier les choses. On sépare généralement ce qui relève de la foi et ce qui dépend de la raison. L'abbé Grégoire nous montre qu'un homme de la fin du XVIIIe siècle pouvait, sinon concilier les deux points de vue, du moins les intégrer dans sa réflexion et son action.

Deuxième exemple. On tend souvent à considérer comme totalement opposés les arguments moraux et économiques (ou matériels), en partie à cause d'une vision manichéenne opposant le bien (le spirituel et le juste) et le mal (le matériel et l'utile). Mais regardons de près le discours de nombre d'abolitionnistes. On voit alors qu'ils condamnent souvent l'esclavage *à la fois* pour des raisons morales et économiques. Notamment lorsqu'ils indiquent que, naturellement inhumain, l'esclavage conduit à « abrutir » les esclaves, à « corrompre les maîtres » et à entraver l'économie des colonies puisque, pensent-ils, la fin de l'esclavage signifierait davantage d'investissements en matière de machinisme agricole, tandis que des travailleurs salariés, plus intéressés à la productivité que des esclaves maltraités, feraient plus d'ouvrage pour un coût inférieur.

L'historien d'aujourd'hui qui veut parfois insister, ou sur l'économique, ou sur le moral, tend souvent à ne voir qu'un aspect de cet argumentaire complexe. On mésestime ainsi l'existence de tout un courant de pensée appréhendant l'économie à partir de la morale, ou du moins tendant à relier les deux. Courant quelque peu oublié depuis la seconde moitié du XIXe siècle, mais qui réapparaît aujourd'hui avec le renforcement de la mondialisation, et les débats sur le commerce dit équitable, par exemple.

Voilà pourquoi il me semble qu'en matière d'Histoire, et en matière d'histoire de l'abolitionnisme en particulier, il faut être à la fois modeste et ambitieux. Modeste en abandonnant l'idée d'expliquer les évolutions par un petit nombre de causes bien sélectionnées. Ambitieux en essayant de *comprendre* ce qui a pu se passer. Un objectif qui est, en y réfléchissant, plus difficile que celui consistant à sélectionner et à hiérarchiser des causes. A défaut d'explication toute faite, cela permet au moins de discerner un petit nombre de transformations essentielles et de voir en quoi l'abolitionnisme constitua vraiment un tournant.

L'abolitionnisme : un tournant dans l'histoire mondiale ?

Longtemps, les critiques de l'esclavage, si pertinentes fussent-elles, n'entamaient guère la bonne conscience des esclavagistes ; du moins échouaient-elles à entraîner un changement en profondeur dans la sensibilité collective à cette pratique, dans les comportements et dans les lois. C'est dire l'importance du tournant que représente l'émergence de l'idée abolitionniste dans l'histoire. Mais que signifie-t-elle exactement ?

Comment on voyait les choses auparavant

Pour prendre conscience de l'importance du changement, il suffit de comparer la manière dont on percevait les choses avant l'essor du mouvement abolitionniste, c'est-à-dire avant le milieu du XVIIIe siècle, et après.

Auparavant, on a, depuis l'Antiquité, discuté de l'esclavage, tenté de le justifier, ce qui veut dire (comme je l'ai indiqué plus haut dans cet ouvrage) que jamais celui-ci n'est allé véritablement de soi. Car pourquoi s'acharner à justifier ce qui serait réellement « normal » ou « naturel » ?

Auparavant, on a aussi, de temps à autre, discuté, non pas seulement de l'esclavage, mais aussi du sort de l'esclave. Parfois même, on a tenté d'améliorer ses conditions de vie. Souvent, d'ailleurs, dans l'intérêt bien compris de « maîtres » se disant que des esclaves mieux traités se rebelleraient moins. Il est arrivé, comme on l'a vu, que l'Etat tente de s'immiscer dans la relation maître/esclave, afin de ne point trop abdiquer de ses pouvoirs. Dans un Etat de droit, l'esclavage induit en effet une situation assez particulière, car, de fait, pouvant user et abuser d'autres hommes, voire les mettre à mort, les propriétaires d'esclaves disposent de pouvoirs plus grands que ceux du souverain sur ses sujets. Ce qui est difficilement tolérable pour un pouvoir supérieur, quel qu'il soit.

Auparavant, on a toujours laissé un peu de jeu dans le système esclavagiste, notamment par le biais de l'affranchissement. Que celui-ci ait été ou non largement pratiqué, ou qu'il l'ait été davantage à certaines périodes ou en certaines régions, est une chose sur laquelle on peut discuter. Mais il ne semble pas que, sur la longue durée de l'histoire de l'esclavage, un système esclavagiste ait existé sans l'existence concomitante de la possibilité (au moins théorique) d'en sortir, notamment par l'affranchissement.

Auparavant, on a pensé et élaboré des arguments qui, ensuite, ont pu être mobilisés afin de combattre l'esclavage. C'est ainsi que, dans l'Antiquité, les philosophes ont imaginé un

« droit naturel » pouvant à terme conduire à faire de tous les hommes des individus égaux. On pourrait en dire autant du message humaniste (XVIe siècle), et trouver dans nombre de textes sacrés (la Bible ou le Coran, par exemple) des arguments pour critiquer l'esclavage.

Mais, avant la seconde moitié du XVIIIe siècle, sauf rares, provisoires et très localisées exceptions (celle, par exemple, de la communauté des esséniens, secte juive du IIe siècle avant J.-C. au Ier siècle de notre ère, où l'esclavage semble avoir été prohibé), on s'est souvent contenté de s'accommoder des contradictions. Contradictions entre un « droit naturel » peu à peu constitué et le principe même de l'esclavage. Contradictions entre certains passages des textes sacrés entre eux. Contradictions entre ces textes et ce que l'on appelle le « droit des gens », c'est-à-dire les règles non pas universelles mais particulières dont chaque société est amenée à se doter.

Pendant des siècles on a donc argumenté, essayé de peser « le pour » et « le contre ». D'où des textes parfois fort compliqués permettant, au final, de trouver une sorte d'accommodement avec un système que l'on avait du mal à justifier totalement mais qui était là et dont on ne pensait même pas qu'il pouvait être aboli, tout au plus atténué. On s'évertuait ainsi à définir les cas (comme dans la casuistique des Jésuites) dans lesquels l'esclavage pouvait exister. Des cas, bien évidemment, correspondant toujours au contexte dans lequel ils étaient invoqués.

Ce qui change ensuite

A partir de la seconde moitié du XVIIIe siècle tout change. Peu à peu, il est vrai. Lentement même, trop lentement sûrement. Mais tout change. Quelques voix, d'abord isolées puis plus nombreuses, se font entendre. Notamment celle de Montesquieu dans *De l'esprit des lois* (1748). Il y dénonce « en droit », l'existence même de l'esclavage, et ce en réfutant un à un les arguments traditionnellement utilisés par ses défenseurs. Le tout en utilisant l'ironie, arme privilégiée des philosophes de son temps.

TEXTE »

Montesquieu et la réfutation du droit d'asservir

En 1748, dans *De l'esprit des lois*, le philosophe français Charles Louis de Secondat, baron de la Brède et de Montesquieu (1689-1755), utilise l'ironie, l'une des armes favorites des Lumières, afin de réfuter le droit d'asservir.

« Si j'avais à soutenir le droit que nous avons de rendre les Nègres esclaves, voici ce que je dirais [...]

« Ceux dont il s'agit sont noirs des pieds jusqu'à la tête ; et ils ont le nez si écrasé qu'il est presque impossible de les plaindre. On ne peut se mettre dans l'idée que Dieu, qui est un être très sage, ait mis une âme, surtout une bonne âme, dans un corps tout noir [...]

« On peut juger de la couleur de la peau par celle des cheveux, qui, chez les Egyptiens, les meilleurs philosophes du monde, étaient d'une si grande conséquence, qu'ils faisaient mourir tous les hommes roux qui leur tombaient entre les mains.

TEXTE »

« Une preuve que les Nègres n'ont pas le sens commun, c'est qu'ils font plus de cas d'un collier de verre que de l'or, qui, chez des nations policées, est d'une si grande conséquence.
« Il est impossible que nous supposions que ces gens-là soient des hommes ; parce que, si nous les supposions des hommes, on commencerait à croire que nous ne sommes pas nous-mêmes chrétiens. »

A cette époque, se fondant sur une lecture particulière des textes sacrés, des quakers américains décident eux aussi de bannir l'esclavage, non pas seulement en droit, mais aussi concrètement. Se fondant « sur une lecture particulière » des textes, ai-je indiqué. Tout simplement parce que ceux-ci sont ambigus. C'est donc en sélectionnant les passages correspondant à leur sensibilité que des quakers s'opposent à l'esclavage. Très rapidement, profitant d'un renouveau de spiritualité dans le monde protestant que l'on appelle le Réveil, d'autres font de même, notamment des Britanniques des Eglises nouvelles, comme le méthodisme. Ces exemples montrent que, désormais, un choix s'effectue, des positions de principe sont prises. Bref, le temps des contradictions acceptées commence à être révolu.

C'est à ce moment-là, et cela n'est sans doute pas une coïncidence, que l'on se met à parler et à penser « abolitionnisme », un mot et un concept nouveau. Auparavant, on parlait émancipation, affranchissement, amélioration du sort de l'esclave. Ensuite, il ne s'agit plus de se demander si tel ou tel individu peut sortir du système esclavagiste. Il s'agit de lutter pour l'éradication du système dans son ensemble. Jamais une telle chose n'avait été auparavant imaginée. Désormais il s'agit également de l'appliquer à une échelle internationale. Car d'emblée le message abolitionniste se veut universel. D'emblée les Britanniques, mais aussi les autres, se mettent dans l'idée d'abolir l'esclavage non seulement dans leurs colonies, mais ailleurs dans le monde. Les principes sur lesquels se fondent les abolitionnistes étant déclarés universels, ils pensent nécessairement l'abolition comme un processus global.

Etait-il facile d'être abolitionniste ?

Oui et non. Oui, car pour des personnes se fondant sur des principes, la ligne d'action semblait toute tracée. Non, car le projet abolitionniste, par sa nouveauté même, venait à l'encontre de nombreux intérêts.

S'agissant de l'esclavage américain (car c'est à son propos qu'est d'abord apparu le mouvement abolitionniste international), certains imaginent aujourd'hui que la tâche était facile. Ils font, en effet, l'hypothèse que l'esclavage était alors en perte de vitesse aux Amériques, bref, qu'il s'agissait de mettre un terme à un système déclinant, voire en partie moribond. Quelques historiens ont d'ailleurs insisté sur cette idée d'une « crise » de l'Ancien Régime colonial.

Mais tous les indicateurs prouvent désormais le contraire. La seconde moitié du XVIIIe siècle correspond en effet à un essor spectaculaire de la traite des Noirs, c'est-à-dire de leur déportation, comme esclaves, vers les Amériques. A la même époque, la production de sucre dans la partie française de Saint-Domingue connaît des sommets, faisant de l'île le plus gros producteur mondial. On y assiste, comme ailleurs, à une diversification et à une augmentation de la production d'autres denrées tropicales (cacao, café, etc.). C'est aussi l'époque où des « réformateurs » coloniaux se disent que l'on pourrait encore favoriser la production en adoucissant quelque peu le sort des esclaves.

Enfin, comme l'a montré récemment l'historien franco-canadien Pierre Boulle, c'est à cette même époque que le racisme à l'encontre des Noirs est introduit en France métropolitaine, du fait de planteurs des îles mais aussi d'une administration royale de plus en plus soucieuse d'éviter « la corruption du sang », c'est-à-dire les unions mixtes. Un racisme qui ne touche pas encore la France « d'en bas », mais qui gagne une partie des élites.

Au total, c'est donc au moment où la traite bat tous ses records, où l'économie coloniale esclavagiste se renforce et où les thèses racistes commencent à se diffuser plus nettement dans certaines métropoles européennes que des hommes et des femmes se mettent en tête d'abolir l'institution esclavagiste en tant que telle. Le moins que l'on puisse dire est qu'ils n'ont pas choisi, pour ce faire, un moment particulièrement facile.

Ne dit-on pas parfois que les abolitionnistes étaient hypocrites ?

Une attaque portée contre les Lumières

Il s'agit, en fait, d'une critique portée à l'encontre des philosophes des Lumières, ce grand mouvement intellectuel de la seconde moitié du XVIIIe siècle auquel se rattachent Diderot, d'Alembert, Montesquieu ou encore Rousseau. Tandis qu'en Angleterre des philanthropes en partie mus par des raisons religieuses s'élevaient contre l'esclavage, ce fut en effet souvent le libre exercice d'une raison largement laïcisée qui poussa en France quelques penseurs à faire de même.

Depuis une trentaine d'années, cependant, on s'est mis, en France, à tirer à boulets rouges sur ces hommes des Lumières. Certains les accusant en quelque sorte d'en avoir fait trop, et d'être responsables d'une Révolution française qui dérapa assez vite. A ces critiques d'une partie de la droite se sont ajoutées celles d'une partie de la gauche, reprochant aux philosophes de ne pas avoir été assez loin, d'avoir, certes, parfois condamné l'esclavage, mais de ne pas avoir lutté afin de procéder à son immédiate éradication (voir p. 176).

Les attaques les plus vives tendent ainsi à en faire des hypocrites, voire des hommes incapables de penser l'égalité entre les hommes de couleur différente. De fil en aiguille, le discrédit s'est mis à peser sur l'ensemble d'un mouvement abolitionniste considéré par certains comme trop prudent. Et, pour couronner le tout, on a répété que nombre de philosophes avaient en fait des intérêts dans le commerce des esclaves. Accusations dont ils ne pouvaient évidemment plus guère faire justice et qui, pour l'essentiel, ne reposent sur aucun élément sérieux.

Un projet vraiment radical, mais une méthode réformiste

Ce que l'on oublie dans l'affaire c'est que philanthropes et philosophes étaient en avance sur les conceptions de leurs contemporains, et qu'ils ont contribué à faire peu à peu changer l'opinion. Il est vrai que les abolitionnistes n'ont guère été des révolutionnaires voulant tout chambouler. Condorcet, par exemple, pensait en finir totalement avec l'esclavage au terme d'un processus d'affranchissements partiels complexes (en fonction de l'âge, du sexe...) au bout de soixante-dix-sept ans. Mais faut-il leur en faire grief et les juger à l'aune de notre vision actuelle des choses ? Chacun choisira. L'historien, en tout cas, a pour objectif de comprendre, de mettre en valeur l'originalité du projet abolitionniste. Celui-ci était à la fois radical et réformiste.

Radical par sa nouveauté même, nous l'avons dit, et par l'objectif qui était de mettre un terme définitif à un système esclavagiste condamné dans son essence même. Réformiste par la méthode choisie, à savoir non pas une abolition immédiate, mais un processus ordonné. Et cela pour plusieurs raisons.

Pourquoi avoir choisi la voie réformiste ?

D'une part afin d'éviter les tensions et les troubles qui, pensait-on, pourraient subvenir avec la libération immédiate de centaines de milliers d'esclaves (ils sont, en 1789, près d'un demi-million contre environ 40 000 Blancs dans la partie ouest de Saint-Domingue). D'autre part, parfois, afin de ne pas conduire à de trop importants dérèglements économiques. Mais cela passe souvent au second plan chez les abolitionnistes sincères. Pour eux, la question première est en effet celle des principes. Ainsi, même l'argument du droit de propriété (selon lequel les esclaves sont la propriété légale de leur « maître ») est-il rejeté dans les articles « Traite des Nègres » et « Esclavage » de la fameuse *Encyclopédie* (1751-1772) de Diderot et d'Alembert. Le droit de propriété est pourtant le seul à être déclaré « sacré » dans la Déclaration des droits de l'homme et du citoyen (26 août 1789).

Foncièrement réformistes et attachés à l'idée d'une abolition graduelle de l'esclavage, les abolitionnistes étaient cependant désireux de convaincre et prêts, pour ce faire, à des concessions tactiques. Ils acceptèrent ainsi généralement l'idée que les colons puissent recevoir un dédommagement du fait de la libération de leurs esclaves, qu'ils avaient achetés et dont ils étaient légalement propriétaires. Mis à part les planteurs du Vieux Sud, aux Etats-Unis, où l'esclavage fut aboli après la guerre de Sécession gagnée par les Etats nordistes, la plupart des propriétaires d'esclaves aux Amériques reçurent ainsi des compensations au moment des abolitions : par l'octroi de sommes d'argent ou de travail (l'ancien esclave devant continuer à travailler pendant une période de temps précisée pour son ancien « maître »), par l'allocation d'un lot de terre, par la mise en place de droits destinés à protéger de la concurrence étrangère les productions tropicales désormais produites par des bras libres et salariés, ou bien par une combinaison de ces divers moyens.

En France, les abolitionnistes les plus engagés firent cette concession, tout en indiquant préférer parler de « dédommagement » plutôt que d'« indemnisation », afin de ne rien lâcher de leur idée selon laquelle, même légalement reconnu, le droit de propriété exercé par les « maîtres » sur leurs esclaves était foncièrement illégitime.

Mûlatre martiniquais, Cyrille Bissette fut ainsi longtemps un farouche opposant d'une « indemnité » en faveur des planteurs. Mais il finit par s'y résoudre en 1848, comme mesure de pis-aller. « Comme la liberté de l'homme est pour moi le seul droit absolu, le principe dominant, j'ai combattu l'indemnité », écrit-il dans la *Revue des Colonies* (juin 1848). Ajoutant : « Toutefois, ainsi que j'ai dit ailleurs, comme le droit rigoureux ne doit pas être le seul consulté, et qu'évidemment l'émancipation appauvrira les ex-maîtres, je réclamerai une sage transaction comme nécessitée par l'intérêt général. »

Sans transiger sur les principes qu'ils considéraient comme étant justes, les abolitionnistes étaient ainsi prêts à négocier, afin de faire avancer leur cause, dans un monde où elle n'était nullement gagnée d'avance.

Par ailleurs, à leurs yeux, les esclaves n'étaient pas mûrs pour une abolition immédiate et totale. Non pas par inaptitude intrinsèque (ce qui était la position des esclavagistes pensant que jamais les Noirs ne pourraient « rejoindre » les Blancs), mais parce que, selon les abolitionnistes, l'esclavage, par son inhumanité même, tendait à « abrutir » ses victimes, tout en corrompant les « maîtres ». « On parle de la stupidité des Noirs en colonie », écrit Victor Schoelcher dans le livre *Abolition de l'esclavage* (1840). Mais, dit-il, « n'est-ce pas le produit de l'esclavage, et l'esclavage n'a-t-il pas ce résultat partout où il existe ? [...] Les Blancs, même d'Europe, n'en éprouvent-ils pas les mêmes effets ? » (l'auteur parle alors des « serfs russes, polonais et valaques »). Et de conclure : « L'esclavage abrutit Blancs ou Noirs, voilà toute la vérité. Nous voulons donc établir que la prétendue pauvreté intellectuelle des Nègres est une erreur créée, entretenue, perpétuée par l'esclavage. » « Le travail forcé, le travail sans salaire, le travail à coups de fouet ne moralise pas », écrivait de son côté Guillaume de Felice, autre abolitionniste français. Ce travail-là « avilit et abrutit » (*Emancipation immédiate et complète des esclaves*, 1846).

Les esclavagistes pensent que le Noir est « naturellement » inférieur au Blanc et donc que rien ne pourra y changer. Les abolitionnistes sont au contraire persuadés de l'égalité naturelle entre tous les hommes. Mais aussi que, comme le disait Condorcet, certains hommes ont besoin d'être aidés afin de devenir progressivement des citoyens à part entière, cela parce qu'ils sont faibles, trop jeunes, malades, ou encore victimes de l'esclavage.

L'« apprentissage », cette période de transition pendant laquelle l'ancien esclave devait demeurer en partie sous contrôle, fut donc pensé par les abolitionnistes non comme un système d'exclusion définitif mais comme un moyen permettant une progressive intégration. On peut, encore une fois, apprécier ou non. Ce qui importe ici est de comprendre comment les abolitionnistes percevaient les choses. Et il est impossible d'en prendre une bonne mesure si l'on oublie ce mariage entre un message radical et une méthode réformiste.

On notera par ailleurs que, à la fin du processus menant à l'interdiction légale de l'esclavage, dans plusieurs pays, des abolitionnistes ont abandonné leur programme d'abolition progressive pour demander l'abolition immédiate de l'esclavage. Ce passage à l'« immédiatisme », comme disent les chercheurs, n'est pas encore très bien explicité. On pense qu'il s'explique par la rencontre de plusieurs facteurs : un agacement de plus en plus évident de la part des abolitionnistes, du fait des résistances qui leur étaient opposées et de la lenteur du processus ; le sentiment, malgré tout, que l'on touchait au bout (en France, l'abolition de 1848 fut ainsi très nettement favorisée par la Révolution et l'instauration de la IIe République) ; l'émergence d'abolitionnistes plus engagés.

Peut-on relier abolitionnisme et démocratisation ?

Le rôle de l'opinion

Il serait également impossible de comprendre l'abolitionnisme sans le relier au processus de démocratisation de nos sociétés. Un processus au long cours, dont on pourrait retrouver des origines médiévales, voire même plus anciennes, mais qui s'est vraiment accéléré et cristallisé à partir de la seconde moitié du XVIIIe siècle.

Auparavant, nous avons affaire à des sociétés d'ordre (noblesse, clergé, tiers état) dans lesquelles l'individu est avant tout un sujet pour son souverain. Il est aussi fortement encadré, au sein des ordres mais également du village et de la paroisse, ou bien encore des corporations de métiers. Peu à peu l'individu commence à s'affranchir de tous ces cadres, avant même la Révolution. Une « opinion » apparaît.

Inégalement influente, il est vrai. Il n'y a en effet, par exemple, pas d'équivalent français au droit de pétition accordé aux citoyens britanniques depuis 1679. Par ailleurs une différence distingue les protestants (anglais) des catholiques (majoritaires en France). Les premiers sont habitués à former leur jugement sur la libre et personnelle lecture de la Bible. Les seconds sont plus soumis à l'autorité « centrale » du pape. Cette différence conduisit sans doute à accroître l'écart entre une Angleterre pétitionnaire et une France longtemps demeurée plus élitiste en termes de participation politique. Mais c'est parce qu'une opinion tend partout à se renforcer (d'une manière ou d'une autre) et que les idées circulent plus facilement que l'abolitionnisme comme mouvement a été possible.

Mobiliser les énergies, convaincre les Etats

Cet « abolitionnisme mouvement » (que l'on peut distinguer de l'« abolitionnisme doctrine ») est, dès le début, lié à des formes de sociabilité (clubs, académies, cercles...) et de mobilisation (journaux, pétitions, porte-à-porte, meetings...), lesquelles, en Angleterre, mobilisèrent beaucoup les femmes.

Une historienne a ainsi écrit que l'abolitionnisme britannique profita du rôle des femmes et qu'en retour il favorisa leur progressive émancipation. Cet exemple montre l'existence de connexions entre abolitionnisme et démocratisation. D'autres relations concernent le processus même par lequel le commerce des esclaves puis l'esclavage proprement dit ont été abolis. Chaque fois, en Europe, on a en effet procédé non pas par des sortes de décrets mais par des débats dans les Assemblées entre différents groupes de pression : débats arbitrés par l'opinion publique et par un Etat devenu ainsi de plus en plus régulateur. Le tout à un moment où la démocratie parlementaire commençait à se roder.

Ces phénomènes proprement européens (du moins dans la partie occidentale du continent) se sont retrouvés aux Etats-Unis, avec notamment la formidable campagne ayant suivi la publication du livre de Harriet Elizabeth Beecher-Stowe, *La Case de l'oncle Tom* (1851). Mais il fallut ici une terrible guerre civile – la guerre de Sécession (1861-1865) – pour mettre un terme à l'esclavage (mais non à la ségrégation). Inversement, dans les autres régions du monde, là où ce processus de démocratisation était moins poussé et où l'opinion publique tardait à apparaître, il n'y eut pas de véritable mouvement abolitionniste avec des associations, des campagnes de mobilisation, etc. Ces formes de mobilisation caractérisent l'abolitionnisme occidental.

TEXTE »

La Case de l'Oncle Tom (1851)

Dans ce roman, destiné à combattre l'esclavage aux Etats-Unis, Harriet Beecher-Stowe raconte l'histoire d'un esclave, Tom, finalement battu à mort par son « maître » pour avoir refusé de devenir un garde-chiourme sur sa plantation de coton. Dans le chapitre intitulé « Le magasin d'esclaves », l'auteur met au jour l'horreur résidant dans la banalisation du commerce de l'homme, ainsi que la contradiction fondamentale entre l'esclavage et le message chrétien.

« Un magasin d'esclaves ! Peut-être ce nom seul a-t-il évoqué d'horribles visions dans l'esprit de quelques-uns de mes lecteurs [...] mais détrompez-vous, innocent ami ! De nos jours les hommes ont découvert l'art de pécher adroitement et décemment de manière à ne pas révolter une société respectable. La marchandise humaine est cotée haut sur le marché, aussi est-elle bien nourrie, bien soignée [...]. Un magasin d'esclaves, à La Nouvelle-Orléans, est une maison en apparence à peu près semblable à toutes les autres bien tenues [...]. On vous invitera poliment à entrer et à examiner la marchandise. Là, vous trouverez en abondance des maris, des femmes, des frères et des sœurs, des pères, des mères et des petits enfants, à

TEXTE »

"vendre séparément ou par lots", au gré de l'acheteur. Et cette âme immortelle, rachetée par le sang et les angoisses d'un Fils de Dieu, à cette heure mystérieuse où la terre trembla, où les rochers se fendirent et où les tombeaux furent ouverts, cette âme est vendue, louée, hypothéquée, ou échangée contre des épiceries ou d'autres valeurs de ce genre, suivant la position commerciale ou la fantaisie de l'acquéreur [...]. Depuis le moment où le Noir est vendu sur le marché du Nord jusqu'à celui où il arrive dans le Sud, son possesseur s'applique à le dresser. Tous ses efforts sont faits en vue de l'endurcir et de l'abrutir. »

L'abolitionnisme n'exista-t-il qu'en Occident ?

Cela veut-il dire que l'abolitionnisme n'exista qu'en Occident ? Oui et non. L'abolitionnisme comme mouvement d'opinion (ou bien d'élites) destiné à infléchir l'action de l'Etat par le biais d'un processus démocratique fut, il est vrai, relativement spécifique, non pas au monde occidental, mais à une partie de celui-ci.

Cela n'empêcha pas l'existence de débats sur la légitimité ou non de l'esclavage en d'autres parties du monde. Ceux-ci existèrent par exemple dès le Moyen Age dans le vaste monde musulman. La question fut aussi posée en Afrique noire. Et l'Asie ne fut pas en reste. Mais peut-on toujours qualifier ces débats d'abolitionnistes ? Oui, s'ils posaient véritablement la question de la destruction du système esclavagiste. Non, s'ils revenaient, un peu comme dans l'Europe d'avant la seconde moitié du XVIIIe siècle, à se demander seulement ce qui pouvait être ou non légitime dans l'esclavage. Entre la dénonciation du principe même de l'esclavage et les interminables débats relevant de la casuistique, il y a, à mon sens, une différence de nature. Le débat, néanmoins, reste ouvert.

Les esclaves contribuèrent-ils à leur libération ?

Assurément. Depuis l'Antiquité, nous l'avons vu, les esclavagistes ont sans cesse essayé de nier la condition humaine des hommes dont ils voulaient user et abuser à leur guise. Pour eux, tout était simple : si les esclaves ne se révoltaient pas c'est qu'ils étaient « naturellement » dociles et inférieurs à leurs maîtres. Et si, au contraire, ils le faisaient, c'était qu'ils étaient animés par des pulsions sauvages, voire animales. Dans tous les cas, l'esclave était ramené à une sorte d'humanité inférieure.

Résistances passives et actives

On sait aujourd'hui que, partout et toujours, les esclaves ont tenté de résister. Comme les historiens sont parfois prisonniers du modèle que constitue la lutte révolutionnaire, certains ont tendance à opposer deux types de résistances. D'un côté les résistances dites « passives », de l'autre celles qualifiées d'« actives ». Les premières regrouperaient les actions émanant d'individus n'usant pas directement de la violence. Les secondes renverraient à des mouvements plus collectifs et violents. La « grève des ventres » (refuser d'avoir des enfants devenant à leur tour esclaves), le travail mal fait, l'absentéisme, la fuite (que l'on appelait marronnage dans l'Amérique coloniale), permanente ou définitive, constituent, par exemple, des cas de résistance

« passive ». Inversement, la révolte organisée serait « active ».

Cette distinction ne me paraît pas forcément pertinente. Pour au moins deux raisons. La première est que, violente ou non, individuelle ou collective, toute forme de résistance délibérée de la part d'un esclave est digne de reconnaissance. Elle témoigne en effet de sa capacité à s'extraire du carcan idéologique que le « maître » tente de lui imposer. Dire que certaines formes de résistance sont passives et d'autres actives conduit forcément à dévaloriser les premières.

Deuxième raison : les formes de résistance les plus spectaculaires ne sont pas nécessairement les plus efficaces. Les grandes révoltes, brutales mais rares, peuvent être moins dangereuses pour les esclavagistes que de multiples actes qui, au quotidien, contrecarrent ses projets, lui inspirent de la crainte, voire de la frayeur, comme cette psychose de l'empoisonnement ou de l'incendie qui frappa nombre de planteurs américains.

Peu de grandes révoltes

Quant aux révoltes proprement dites, les grandes, celles qui firent trembler un système esclavagiste, elles furent finalement peu nombreuses. Il y eut celle qui embrasa pendant des années la région du Bas-Irak, au IXe siècle de notre ère : on pense qu'elle fit peut-être au minimum 500 000 victimes. Elle fut l'œuvre des esclaves noirs concentrés en grand nombre afin de mettre en valeur la région. On connaît aussi, à l'époque romaine, le mouvement mené par le gladiateur Spartacus qui conduisit d'abord à la débâcle de l'armée envoyée par Varus, le proconsul de la Gaule Cisalpine.

Le dernier exemple est celui de la grande révolte qui fut déclenchée à Saint-Domingue dans la nuit du 22 au 23 août 1791, provoquant, là aussi, d'importants massacres. Ni les armées de la Révolution, ni celle dépêchée par Napoléon Bonaparte et dirigée par son beau-frère, le général Leclerc, ne réussirent à la juguler. C'est ainsi que naquit, en 1804, dans l'île devenue Haïti, la première république noire indépendante de l'histoire.

C'est, de fait, la seule grande révolte d'esclaves de l'histoire du monde a avoir été couronnée de succès. Toutes les autres furent durement réprimées. A moyen terme, cependant, elles eurent un impact certain : le nombre d'esclaves rassemblés dans le Bas-Irak diminua après le xe siècle, sans doute par précaution. Et, à Rome, après Spartacus, on tenta de limiter les tensions entre maîtres et esclaves.

Une réponse habile : le paternalisme des maîtres

C'est que, conscients des dangers, les maîtres eurent, de tout temps, tendance à essayer de limiter ces tensions. Soit en divisant les esclaves, en les faisant venir de régions ou de pays différents ; soit en accordant à certains d'entre eux un statut supérieur aux autres, voire des positions de commandement. C'est pour cela que la plupart des historiens considèrent qu'il n'y eut pas de « classe » d'esclaves, et que ceux-ci ne constituèrent presque jamais un groupe homogène et soudé. Raison pour laquelle, comme le rappelait l'anthropologue Claude Meillassoux, il y eut beaucoup de révoltes parmi les serfs, et relativement peu parmi les esclaves.

Une autre manière de limiter les tensions, et donc les risques d'explosion, consistait à laisser du « jeu » dans le système, c'est-à-dire certains petits espaces de liberté ou d'autonomie relative : accorder à l'esclave un petit lopin de terre à cultiver pour lui, accepter d'officialiser un mariage, etc. Ce « paternalisme » apparent (qui allait de pair avec une surveillance de chaque instant et une féroce répression en cas de résistance) servait aussi à contrer les critiques des abolitionnistes. Les planteurs du Sud des Etats-Unis aimaient ainsi se présenter comme de « bons maîtres » et parler d'un esclavage à la fois « domestique » et « familial ».

L'affranchissement

L'affranchissement, comme je l'ai dit plus haut, semble avoir toujours existé, comme possibilité de sortir de l'esclavage. Mais la vision que l'on en a est souvent celle héritée des « maîtres ». L'affranchissement est généralement présenté comme la sanction légale, officielle, de la décision prise par un « maître » de libérer son esclave. Comme une marque de son bon vouloir, et comme un phénomène définitif dans lequel l'esclave n'aurait aucun rôle.

Or tout cela doit être corrigé. L'esclave que l'on affranchit est en effet, dans la plupart des cas, un proche du « maître », quelqu'un qui lui a rendu des services, ou bien encore la femme avec laquelle il a eu une descendance. L'affranchi peut aussi être celui dont le « maître » veut se débarrasser, parce qu'il donne le mauvais exemple aux autres. Mais c'est plus rare, car dans ce cas on préfère le vendre plutôt que le libérer. Bref, l'esclave affranchi est celui qui, pour une raison ou une autre, a entretenu une certaine familiarité avec son « maître ». L'affranchissement apparaît donc ainsi comme la conséquence de liens que l'esclave a su entretenir avec son propriétaire. Même si c'est évidemment celui-ci qui décide ou non d'affranchir, l'esclave joue donc un rôle dans le processus menant à l'affranchissement.

Autre constante, il est bien rare que l'affranchissement soit totalement désintéressé et que la rupture avec l'esclavage soit totale. L'affranchi peut en effet acheter sa liberté grâce à un pécule lentement accumulé. Même lorsqu'il en va autrement, on a vu que le maître a forcément des (bonnes) raisons de procéder à l'affranchissement. Enfin, l'esclave libéré reste souvent un « client » de son ancien « maître ». Parfois même il doit lui rendre un certain nombre de services bien définis.

N'oublions pas, non plus, que la « macule » servile, c'est-à-dire le souvenir dégradant de l'esclavage, persiste après l'affranchissement. C'était le cas, bien sûr, pour les esclaves noirs de l'Amérique coloniale, qui continuèrent, longtemps après la fin de l'esclavage, à subir une discrimination. Mais c'était aussi vrai dans la Rome antique, où, même sans préjugé de couleur, il fallait souvent attendre la deuxième génération, sinon davantage, pour que le souvenir de l'esclavage soit oublié, et que les nouveaux hommes libres soient plus ou moins reconnus comme des citoyens à l'égal des autres.

Recherché par l'esclave, mais permis par le maître, et servant généralement ses intérêts, l'affranchissement est donc à la fois le résultat d'une « négociation » et un instrument de domination.

Résistances et abolition

Ce qui pose la question des limites de la résistance des esclaves. L'espoir d'une sortie du système étant assez faible (révoltes durement réprimées), hormis pour quelques individus (fuite, affranchissement), nombre d'esclaves ont dû se résigner à vivre tant bien que mal dans l'esclavage, essayant, au quotidien, d'obtenir quelques avantages.

Dans l'Amérique coloniale moderne, des communautés parfois nombreuses d'esclaves « marrons » (c'est-à-dire enfuis) se sont constituées, au Brésil ou dans les Caraïbes. Des guerres sanglantes en ont résulté contre le pouvoir colonial, comme au Surinam. En d'autres occasions, comme dans la Jamaïque anglaise, des communautés de marrons ont rendu des services aux planteurs en luttant contre les autres esclaves fugitifs afin d'obtenir en contrepartie une reconnaissance plus ou moins officielle de leur autonomie.

Toutes les formes de résistance n'étaient donc pas forcément destinées à mettre un terme au système esclavagiste dans son ensemble. Avant le XVIIIe siècle, elles visaient surtout à s'en libérer soi-même.

Des liens se sont-ils ensuite tissés entre esclaves et abolitionnistes ? Et si oui quelle influence ont-ils eue ? Il est difficile de le savoir, car la question n'a pas été très bien étudiée. Des chercheurs se sont intéressés à l'histoire de l'abolitionnisme occidental et à celle de la résistance des esclaves, mais sans vraiment essayer de les relier.

Ce que l'on peut dire avec certitude c'est que la plupart des abolitionnistes européens ont pensé l'abolition sans même imaginer demander leur avis aux esclaves. Le slogan le plus célèbre de la propagande abolitionniste britannique n'est-il pas : « Ne suis-je pas un homme et un frère ? », slogan prononcé par un esclave, genou à terre, implorant les bonnes âmes blanches ?

Nul doute, cependant, que les abolitionnistes aient en certaines occasions été aidés et stimulés dans leur tâche par d'anciens esclaves devenus eux-mêmes de fervents adeptes de l'abolitionnisme : tel le fameux Olaudah Equiano dont les Mémoires, publiés en 1788, furent célèbres en leur temps. En mourant en 1797, à l'âge d'environ cinquante-deux ans, il laissait une large partie de ses biens à la Compagnie du Sierra Leone destinée à y installer des esclaves libérés. D'autres anciens captifs aidèrent, avant la guerre de Sécession, à l'organisation du *Underground Railroad* (réseau ferré souterrain) destiné à favoriser la fuite d'esclaves vers le nord des Etats-Unis où l'esclavage était alors aboli. Enfin, certaines révoltes d'esclaves ont eu lieu peu de temps avant la prise de décision, en métropole, afin d'abolir l'esclavage. On peut penser qu'elles avaient pour objectif non pas de permettre à quelques esclaves de s'enfuir, mais plutôt de peser sur le processus abolitionniste et de tenter d'en accélérer le mouvement.

Le combat pour les droits de l'homme est-il redevable à l'abolitionnisme ?

Comment analyser la communauté d'inspiration entre l'abolitionnisme et le mouvement en faveur des droits de l'homme ? On peut dire que l'abolitionnisme, tel qu'il s'est développé en Europe et aux Amériques avant d'être exporté vers d'autres parties du monde, constitue le premier mouvement international en faveur des droits de l'homme de toute l'histoire de l'humanité. Car les abolitionnistes ne se sont pas contentés de faire aboutir des lois d'abolition de l'esclavage dans leurs pays respectifs. Ils ont aussi, dès le début, considéré que leur combat avait une portée universelle.

Pourquoi l'abolitionnisme fut-il un combat à portée universelle ?

L'abolitionnisme fut internationaliste pour plusieurs raisons.

Les principes sur lesquels il se fondait ayant une portée universelle, on a considéré dès le départ qu'ils devaient s'appliquer partout, et notamment au-delà des tropiques, donc de l'Europe.

Il s'est développé grâce à une véritable internationale qui reste encore à étudier dans le détail : des quakers américains ont influencé des Anglais ; des Suisses, comme Necker ou Clavière, ont joué un rôle dans l'abolitionnisme français d'avant 1789 ; des Scandinaves, comme le Suédois Wadström, ont voyagé en Afrique et diffusé dans plusieurs pays leurs ouvrages favorables à l'abolition de l'esclavage.

Lorsque le commerce des esclaves (traite) fut peu à peu aboli, une traite illégale persista. D'une part, parce que l'esclavage (c'est-à-dire la possibilité d'utiliser des esclaves) ne fut aboli qu'après la traite, et que la demande en esclaves continua donc une fois la traite supprimée. D'autre part, parce qu'il existait encore des vendeurs d'esclaves en Afrique. Enfin parce que, devenu illégal et dangereux, le trafic des esclaves était susceptible de rapporter de plus gros bénéfices.

Pour mettre fin à ce trafic illégal, la Grande-Bretagne s'efforça d'encourager la signature d'accords bilatéraux avec d'autres pays. Les Etats concernés pouvaient ainsi faire contrôler leurs navires de commerce par des navires de guerre, afin de vérifier qu'ils ne pratiquaient pas la traite illégale. Ce « droit de visite » constituait une innovation capitale. Il n'existait auparavant qu'en temps de guerre afin de contrôler les navires neutres. Son officialisation en temps de paix fut la source de nombreux problèmes, mais elle permit de mettre un terme au trafic. Ce faisant, des Etats surent montrer qu'ils étaient capables de dépasser leurs différends et de s'allier pour une cause relevant des droits de l'homme.

D'autres accords internationaux furent conclus. Le traité de Berlin (1885), qui officialise le début d'une sorte de partage de l'Afrique noire entre les pays européens, engage les Etats signataires à lutter contre l'esclavage dans les territoires qu'ils occupent. La Société des Nations (SDN), destinée à assurer la sécurité collective entre les deux guerres mondiales, fut également saisie à plusieurs reprises de la question de l'esclavage, ainsi que de celle du travail dit forcé dans les colonies africaines de l'Europe. Plusieurs déclarations à caractère universel furent aussi émises par l'Organisation des Nations unies (Onu), après 1945.

Trois grandes étapes

Plusieurs étapes ont ainsi été franchies, en deux siècles environ. On a commencé par une internationale abolitionniste qui reposait sur des contacts entre des individus et des sociétés (comme la Société française des Amis des Noirs, fondée en 1788) ou clubs, lesquels, par certains aspects, pourraient figurer parmi les ancêtres de nos actuelles ONG (organisations non gouvernementales). Puis, au XIXe siècle, vint le temps des accords entre différents Etats. Enfin, avec le XXe siècle, on aboutit à des textes de portée véritablement mondiale, du fait de la mise en place d'organismes à vocation planétaire (SDN, Onu).

L'abolitionnisme a-t-il favorisé ou gêné la colonisation ?

Mais l'abolitionnisme n'a-t-il pas parfois conduit à la colonisation ? C'est une idée souvent véhiculée : l'abolition de l'esclavage aux Amériques aurait abouti à la colonisation de l'Afrique noire, afin de récupérer par d'autres moyens les bénéfices de l'esclavage désormais condamné. Les choses, comme toujours, sont plus compliquées qu'on ne l'imagine.

Les abolitionnistes n'étaient pas forcément des anticolonialistes

Les abolitionnistes voulaient remplacer un commerce inéquitable – la traite négrière – qui conduisait à troquer des hommes contre des marchandises par un commerce qu'ils appelaient « légitime » consistant à échanger des marchandises occidentales contre des produits venant d'Afrique. Ils pensaient que les colonies d'Amérique pourraient subsister grâce au travail libre et salarié, et que des comptoirs commerciaux pourraient être établis et développés sur les côtes d'Afrique noire. « Comptoirs », car, à la fin du XVIIIe siècle, aucun abolitionniste n'imaginait coloniser dans le sens où nous l'entendons aujourd'hui, c'est-à-dire faire passer des territoires entiers sous la domination politique d'autres Etats.

L'idée de la « croisade » africaine

Second élément. Au moment où la traite des Noirs par l'Atlantique disparut, dans les années 1860, des explorateurs occidentaux commençaient à sillonner l'Afrique noire. Leurs récits contribuèrent à développer l'image d'un esclavage très important, progressant parfois de manière spectaculaire et conduisant à des crimes affreux. Ils stigmatisaient souvent les « Arabes », certains tombant dans un anti-islamisme systématique. C'est alors, en 1888, que le cardinal Lavigerie lança l'idée d'une « croisade » africaine destinée à intervenir sur le continent noir pour y mettre fin à l'esclavage. Le tout avec la bénédiction du pape Léon XIII, sans doute soucieux de rattraper le retard des catholiques par rapport aux protestants en matière de lutte contre l'esclavage.

On peut donc dire que les abolitionnistes fournirent des arguments en faveur, sinon de la colonisation, du moins d'une intervention armée en Afrique noire. Pour des raisons similaires, les Occidentaux, et notamment les Anglais, intervinrent aussi au Moyen-Orient et dans l'océan Indien (Zanzibar), par le biais de pressions diplomatiques.

Distinguer « causes » et alibis

Mais les puissances occidentales ont-elles vraiment colonisé l'Afrique noire uniquement pour y lutter contre l'esclavage ? Il est difficile de le croire. De multiples raisons sont aujourd'hui avancées pour expliquer ce phénomène, parmi lesquelles la montée des nationalismes en Europe, dans les années 1880, la concurrence entre les grandes puissances et le désir d'accumuler les kilomètres carrés et les millions d'habitants.

Au total, l'abolitionnisme permit donc surtout de fournir des arguments à ceux qui souhaitèrent la colonisation pour d'autres motifs, nourrissant ainsi l'idée de la « mission civilisatrice » de la République française. Que des idées soient pillées et utilisées par d'autres est une chose. Que celles-ci soient à l'origine d'un phénomène comme la colonisation en est une autre. « Causes » et alibis peuvent parfois sembler se confondre. Mais il faut y regarder de plus près.

Les colonisateurs ont-ils vraiment lutté contre l'esclavage en Afrique ?

Oui, mais de manière ambiguë. Ils n'avaient au départ aucune raison de tolérer l'existence d'un esclavage que leurs Etats avaient tenté de faire disparaître ailleurs. Nombre d'administrateurs ont donc souhaité œuvrer dans cette direction. L'esclavage a ainsi souvent reflué.

Mais les colonisateurs ont aussi souvent dû s'appuyer sur des élites locales afin d'affermir leur pouvoir. Or une partie de ces élites usait de l'esclavage. Par ailleurs, lorsque les colons souhaitèrent passer à la phase de « mise en valeur », ils eurent besoin d'une main-d'œuvre locale. C'est alors que l'on recourut à ce que l'on appela d'un euphémisme le « travail forcé ». Et pour justifier ce qui s'apparenta parfois à de l'esclavage (suscitant de nombreuses enquêtes diligentées par la SDN), on avança l'idée selon laquelle ce travail forcé ressemblait en fait à l'esclavage traditionnel africain que l'on s'empressa de qualifier de « doux ».

Avant la colonisation, l'esclavage africain était présenté sous un jour particulièrement sinistre. Le même esclavage était devenu, quelques années plus tard, une institution « traditionnelle » tout à fait bénigne. Cet exemple montre combien les représentations communes d'un même phénomène peuvent changer, en à peine quelques décennies.

La lutte contre l'esclavage est-elle aujourd'hui achevée ?

L'esclavage existe toujours

La lutte n'est nullement achevée. Car, comme nous l'avons vu, l'esclavage existe toujours, sous ses formes anciennes, mais aussi en revêtant de nouveaux visages. Nous avons aussi évoqué le fait que la manière de définir l'esclavage dans les textes internationaux (Onu) évolue avec le temps. Elle est assez floue et englobe de plus en plus de situations. Selon un document de 1956, le mariage forcé relève ainsi de l'esclavage. Cela se comprend. Les droits de l'homme progressant, le seuil de tolérance vis-à-vis de l'arbitraire diminue. Personne ne s'en plaindra, bien au contraire. Mais cela nous oblige, lorsque l'on regarde vers le passé, à ne pas oublier que nos ancêtres n'avaient pas forcément les mêmes conceptions que nous (si cela avait été le cas, la plupart des épouses de grands seigneurs ou de souverains auraient été déclarées esclaves – ce qui était totalement incompatible avec leur rang). Eviter d'interpréter le passé à la lumière de ce qui est « normal » aujourd'hui, c'est éviter ce que l'on appelle l'anachronisme.

Au total, se cumulent les effets liés à la persistance de formes d'esclavage anciennes, aux transformations actuelles de l'esclavage, à l'élargissement des définitions officielles de l'esclavage. On comprend aisément, dans ces conditions, que l'on puisse aujourd'hui parler de l'existence de millions d'« esclaves » de par le monde.

Comment poursuivre la lutte

D'un autre côté, grâce aux efforts de ces deux derniers siècles, il n'y a plus aujourd'hui, soulignons-le une fois encore, aucun pays au monde où l'esclavage soit officiellement autorisé et admis Il est vrai que c'est relativement récent : il a fallu, par exemple, attendre 1985 pour que l'esclavage soit solennellement prohibé en Mauritanie (après plusieurs autres lois qui s'étaient révélées impuissantes). Autre exemple : au Pakistan, c'est seulement en 1975 et 1992 que des lois abolissant l'esclavage pour dette ont été votées.

Mais cela crée indirectement d'autres difficultés. Car il s'agit désormais de lutter contre des pratiques clandestines, et donc masquées, dont certains Etats refusent de reconnaître l'existence. Et recouvrer la liberté ne règle malheureusement pas tous les problèmes. « Je suis le chef de la famille », nous dit un Nigérian d'aujourd'hui. « Chez mon maître, je travaillais de jour comme de nuit, sans repos [...] Au moment où j'ai senti que je ne pouvais plus supporter, je me suis évadé le premier pour recouvrer la liberté. Après avoir trouvé un refuge à Abalak, je suis retourné chercher ma femme et mes enfants. Maintenant nous éprouvons d'énormes difficultés de prise en charge, car depuis que nous existons, nous n'avons rien gagné qui puisse nous appartenir. » Cité par Moustapha Kadi Oumani, ce témoignage pourrait être appliqué à nombre d'esclaves de l'histoire.

Aujourd'hui, comme au XVIIIe siècle, des associations et des bénévoles se mobilisent. Comme au XIXe siècle, des actions « humanitaires » sont parfois engagées. Comme au XXe siècle, des organismes internationaux prennent position en la matière. Bref, la panoplie des moyens utilisés semble être la même que par le passé – signe que nos ancêtres n'avaient pas trop mal réfléchi à la question.

Le passé nous apprend aussi que c'est par une répression sévère que le commerce des esclaves par l'Atlantique a finalement disparu et que cette disparition fut contemporaine d'un processus de démocratisation et de développement économique. Plus de sévérité, mais aussi plus de démocratie (laquelle passe aussi par l'éducation) et de bien-être économique, voilà peut-être les éléments nécessaires à l'éradication de ce que nous appelons aujourd'hui l'esclavage.

DÉBAT »

L'abolitionnisme est-il de droite ou de gauche ?

La question a, il y a à peine quelques années, resurgi au cours d'une discussion à l'Assemblée nationale. En quoi l'histoire peut-elle nous éclairer à ce sujet ?

En ce qui concerne la France, on peut dire que les premiers abolitionnistes (Brissot, Condorcet, etc.) appartinrent au « parti » girondin, c'est-à-dire à l'aile libérale et modérée favorable aux principes de la Révolution de 1789. Les Montagnards (la « gauche ») prirent ensuite le pouvoir, après le coup d'Etat du 2 juin 1793. Parfois divisés sur la question (Robespierre semble s'être opposé à l'esclavage, mais il défendait la prospérité nationale que certains pensaient alors liée au commerce colonial, et donc aux colonies esclavagistes), ils l'abolirent cependant (mais il fut rétabli par Bonaparte, Premier Consul, en 1802), par le décret du 4 février 1794. Parallèlement, en pourchas-

DÉBAT »

sant les anciens Girondins, ils contribuèrent à la ruine du premier mouvement abolitionniste français. Sous la Restauration (1814-1830) et la monarchie de Juillet (1830-1848), les abolitionnistes se recrutaient parmi les libéraux et les progressistes, mais aussi, parfois, parmi les monarchistes les plus convaincus.
En Suisse, les abolitionnistes de la seconde moitié du XIXe siècle étaient pour la plupart des « libéraux-conservateurs ». Comme c'est le nom d'un parti correspondant à une époque et à un lieu il serait difficile de lui donner un sens général et actuel. Mais il résume assez bien ce que furent nombre d'abolitionnistes européens : des hommes de « progrès » en leur temps, car souvent en avance sur leurs concitoyens en matière d'esclavage, mais aussi des personnes désireuses de servir un certain ordre social. Beaucoup d'abolitionnistes militèrent ainsi non seulement contre l'esclavage mais aussi contre l'alcoolisme, la prostitution ou la pauvreté. L'abolitionnisme ne fut donc ni de droite ni de gauche.

ZOOM »

Religion et abolitionnisme

Quel rôle joua la religion dans l'histoire de l'abolitionnisme ? Est-il vrai que les protestants furent en la matière en avance par rapport aux catholiques ?

ZOOM »

A la seconde question l'on pourra faire une réponse de Normand. D'un côté, il est en effet incontestable que, au XVIIIe siècle, les premiers à se mobiliser vraiment en matière d'abolition de l'esclavage furent des quakers américains et les adeptes britanniques de divers mouvements protestants évangéliques. Il est également vrai qu'en France, en Suisse et dans l'Europe du Nord, les protestants furent particulièrement actifs au sein des mouvements abolitionnistes, au XVIIIe comme au XIXe siècle.
D'un autre côté, les nations protestantes participèrent aussi activement que leurs homologues catholiques au trafic des êtres humains et à l'esclavage. Et toutes les nations protestantes furent loin d'être ensuite à la pointe du combat abolitionniste. Pensons aux Pays-Bas où il n'y eut jamais de véritable mouvement abolitionniste.
Au demeurant, une analyse plus fine montre que ce n'est pas uniquement le type de confession qui, en matière religieuse, joua un rôle dans l'abolitionnisme. C'est une certaine sensibilité. Le fait de vouloir transformer ce qui était perçu comme mal dans le monde, au lieu de s'en accommoder en attendant le jugement dernier.
Cette sensibilité se développa plus facilement chez les protestants car la pratique religieuse des premiers les encourageait à se faire une idée personnelle des choses à la lumière d'une lecture réfléchie des textes sacrés, alors que les catholiques étaient plus soumis à l'autorité de la hiérarchie papale. On remarquera d'ailleurs que, même chez

ZOOM »

les protestants, c'est au sein de mouvements alors récents (comme le méthodisme) que les abolitionnistes furent les plus actifs, et non à l'intérieur des Eglises établies et plus institutionnalisées.
Cette nouvelle sensibilité gagna aussi les milieux catholiques, touchant d'abord des individus, comme l'abbé Grégoire (1750-1831) en France, avant de s'épanouir chez certains missionnaires. Simplement, chez les protestants, plus habitués à mobiliser les foules (par les sermons, le porte-à-porte, etc.), l'influence de la religion en matière d'abolitionnisme fut plus importante et plus visible.

4 moments clés

— **73-71 avant J.-C.** : La révolte de *Spartacus*. Né en Thrace, devenu soldat romain, puis déserteur, Spartacus fut fait esclave et conduit à l'école de gladiature de Capoue. En 73 il s'en échappe, avec quelques dizaines de ses compagnons. Rejoint par de nombreux autres fugitifs de diverses origines, Spartacus est bientôt à la tête de 40 000 hommes. Il faut 50 000 légionnaires à Crassus pour venir à bout de la révolte (mars 71). Six mille prisonniers sont alors crucifiés sur la route entre Capoue et Rome.

— **869-883** : Au IXe siècle de notre ère, la région du Bas-Irak, entre le Tigre, l'Euphrate et le golfe Persique, abritait un immense marais. Les *Zendjs*, esclaves noirs, y travaillaient par chantiers de milliers d'hommes, afin de la drainer, de la dessaler et de la transformer en zone de culture. Un poète de la cour se présentant comme le descendant d'Ali souleva les Zendjs auxquels s'allièrent de nombreux paysans exploités. La grande ville de Bassora fut prise, Bagdad et La Mecque menacés. Il fallut une armée de 50 000 hommes pour venir à bout de la révolte, en 883.

— **1791-1804** : C'est dans la nuit du 22 au 23 août 1791 que débuta *la révolte* des esclaves noirs de la partie (ouest) française *de Saint-Domingue*. Favorisée par l'arrivée massive d'esclaves nouveaux dans l'île, par la désunion entre les planteurs et la métropole (au début de la Révolution), et par la défection des hommes libres de couleur qui jouaient un rôle important dans l'encadrement des esclaves, la révolte fit rapidement tache d'huile. Dirigée par Toussaint-Louverture (le « Consul noir »), cette révolte fut la seule grande insurrection de l'histoire de l'esclavage a réussir totalement.

— **1848** : Signé par François Arago, ministre de la Marine, mais initié par Victor Schoelcher, *le décret du 27 avril 1848 abolit l'esclavage dans les colonies françaises*. La Révolution et « l'esprit de 1848 » rendaient ainsi immédiatement possible une œuvre préparée depuis longtemps, mais demeurée inscrite sur le registre des virtualités attendues. L'abolition ne mit cependant pas fin au régime colonial, qui persista jusqu'au lendemain de la Seconde Guerre mondiale.

Lectures complémentaires

Jean Andreau, Raymond Descat, *Esclave en Grèce et à Rome*, Hachette, 2006.

Maurice Bazemo, *Esclaves et esclavage dans les anciens pays du Burkina Faso*, L'Harmattan, 2007.

Pierre Boulle, *Race et esclavage dans la France d'Ancien Régime*, Perrin, 2007.

Pierre Branda, Thierry Lentz, *Napoléon, l'esclavage et les colonies*, Fayard, 2006.

Robert Davis, *Esclaves chrétiens, maîtres musulmans*, Jacqueline Chambon, 2006.

Jean Ehrard, *Lumières et esclavage*, André Versaille Editeur, 2008.

Olaudah Equiano, *Gustavus Vassa l'Africain, le passionnant récit de ma vie*, L'Harmattan, 2003.

Moses Finley, *Esclavage antique et idéologie moderne*, Minuit, 1979.

Claude Meillassoux, *Anthropologie de l'esclavage*, PUF, 1986.

Moustapha Kadi Oumani
Un tabou brisé.
L'esclavage en Afrique. Cas du Niger,
L'Harmattan, 2005.

Olivier Pétré-Grenouilleau (dir.), *Dictionnaire des esclavages*, Larousse, 2008 (à paraître).

Frédéric Régent, *La France et ses esclaves*, Grasset, 2007.

Emily Ruete, *Mémoires d'une princesse arabe*, Karthala, 1991.

Randy Sparks, *Les Deux princes de Calabar*, Les Perséides, 2007.

Alessandro Stella, *Histoires d'esclaves dans la péninsule Ibérique*, Ecole des hautes études en sciences sociales, 2000.

Alain Testart, *L'Esclave, la Dette et le Pouvoir*, Errance, 2001.

Alain Testart, *Les Morts d'accompagnement*, Errance, 2004.

DANS LA MÊME COLLECTION

Ouvrages parus

Des grandes invasions à l'an mille
Marc FERRO

Le Féminisme
Mara GOYET

Le Monde féodal
Marc FERRO

Les Secrets de la matière
Etienne KLEIN

L'Europe
Muriel et Yann DE L'ECOTAIS

Le Siècle de Luther et de Christophe Colomb
Marc FERRO

Ouvrages à paraître

Le Siècle de Louis XIII et de Louis XIV
Marc FERRO

Napoléon et le premier Empire
Marc FERRO

La Création du monde
Igor et Grichka BOGDANOFF

Composition et mise en page

NORD COMPO
multimédia

Achevé d'imprimer : avril 2008.

Achevé d'imprimer en avril 2008
par ***Bussière***
à Saint-Amand-Montrond (Cher)

N° d'édition : 14302. N° d'impression : 081251/1.
Dépôt légal : avril 2008

Imprimé en France